Das alte Landshut

Das alte Landshut

gezeigt in 160 Photographien und einer Luftaufnahme
aus den Jahren 1900 bis 1945
Auswahl und Konzeption Kuno Weber
Texte Hanskarl Hornung
Geleitwort Georg Spitzlberger

Herausgegeben vom Verkehrsverein Landshut

Hornung/Weber

Das alte Landshut

Die Stadt in der ersten Hälfte
des 20. Jahrhunderts

Photographien aus den Jahren
1900 bis 1945

Rauten Verlag Hanskarl Hornung

Bild Seite 1: Die Altstadt im Festschmuck. Eine Aufnahme, vor 1914 entstanden, im Originalformat hier wiedergegeben.
Titelbild Seite 3: Paradesmarsch vor dem Rathaus anläßlich der 100-Jahrfeier des 4. Jägerbataillons, siehe auch Seite 58.

ISBN 3 88804 007 8

Alle Rechte vorbehalten

© 1982
Rauten Verlag Dr. Hanskarl Hornung,
Geranienstraße 46a
8012 Ottobrunn-Riemerling

Zum Geleit

Die schon dem im Vorjahr erschienenen Bildband »Das alte Landshut: Photographien aus den Jahren 1860 bis 1914« vorangestellten Bemerkungen gelten uneingeschränkt auch für diese vorliegende Fortsetzung, die der ersten Hälfte unseres Jahrhunderts gewidmet ist. Sie brauchen deshalb hier nicht wiederholt zu werden, denn wiederum ist hier aus Jahrzehnten, die unweigerlich zur Vergangenheit zählen, auch wenn die mittlere und ältere Generation der Landshuter Bürger sie noch selbst erlebt haben, eine für die Stadtgeschichtsschreibung aus Archiven und Privatbesitz zusammengetragene Fotosammlung zugänglich gemacht, die Menschen und Ereignisse, das Stadtbild und die Landschaft in unwiederholbaren historischen Situationen zeigt. Neben bekannten Motiven führen zahlreiche von Kuno Weber neu entdeckte Bilder den Betrachter unmittelbar an Momentaufnahmen aus den schicksalsträchtigen Zeiten des Ersten und Zweiten Weltkriegs, des Dritten Reichs und der vorausgehenden turbulenten Epoche der verklärten und berüchtigten Zwanziger Jahre und lassen das Rollenspiel erahnen, das Stadt und Bürger in individuellsten Abschattierungen von Gesinnung und Gefühl durchgemacht haben. Wer hinter dem vordergründig ansprechenden Augenblicksbild das Wirken der eine Zeit prägenden sich oft widerstreitenden Mächte zu erkennen vermag, wird den unschätzbaren Wert dieser Aufnahmen zu würdigen wissen.

Hanskarl Hornung, in der ihm eigenen Art zu schreiben selbst ein Stück Landshuter Individualität, trägt mit dem Ergebnis seiner Erkundigungen viel Wertvolles und Wissenswertes bei, um die Bildersammlung zum anregenden Lehrbuch zu machen, das für die Auseinandersetzung mit diesem merkwürdigen halben Jahrhundert bayerischer und deutscher Geschichte nicht fertige Meinungen, sondern Tatsachen zu objektiver Würdigung bietet, was gegenwärtige und künftige Benützer dankbar vermerken werden.

Dr. Georg Spitzlberger

Ein Wort in eigener Sache: Danksagung

Die Herausgabe des Buches »Das alte Landshut« mit Photos aus den Jahren 1860 bis 1914 hat eine so hervorragende Resonanz gefunden, daß wir uns ermutigt sahen, einen weiteren Band folgen zu lassen, größtenteils mit Aufnahmen aus der Zeit von 1914 bis 1945. Auch hier durften wir wieder auf die Unterstützung vieler Landshuter Bürger zählen.

Frau Rosa Strasser sei vielmals gedankt, daß sie auch für diesen Band viele Bilder aus der Sammlung Georg Strassers zur Verfügung stellte.

Mit an erster Stelle sei wieder Viktor Heidersberger genannt, der nicht nur aus seinem reichen Material Unterlagen beisteuerte, sondern manches interessante Bild aufspürte. Für den Text steuerte er aus seinem persönlichen Erleben manche Einzelheit bei. Unser Dank gilt ihm besonders.

Allen Landshutern, die aus Familien- und Firmenbesitz Photos zur Verfügung stellten, möchten wir an dieser Stelle nochmals herzlich danken. Hier seien unter vielen Ungenannten stellvertretend erwähnt Familie Eberhard Koller und Herr Alois Hauner.

Das Bayerische Landesamt für Denkmalpflege hat dankenswerterweise die Innenaufnahmen von St. Nikola und St. Jodok und das Bild des Hochaltares von St. Martin zur Verfügung gestellt.

Die Mitarbeiter des Verkehrsvereins haben neben ihren vielen anderen Aufgaben zusätzlich die anfallende Mehrarbeit für dieses Buch auf sich genommen. Wir danken ihnen und allen anderen, die geholfen haben, daß der Band rechtzeitig fertig wurde.

Kuno Weber   Hanskarl Hornung

Landshut in der ersten Hälfte des 20. Jahrhunderts

Das Bild der Stadt bis 1945 war geprägt durch die Veränderungen, die die mittelalterliche Stadt im 19. Jahrhundert, besonders in dessen zweiter Hälfte bis 1914 erfahren hatte. Die Stadt erweiterte sich innerhalb des Burgfriedens, neue Straßenzüge entstanden. Der Bahnhof am Rande der Stadt mit den Eisenbahnverbindungen in fünf Richtungen wurde schon 1880 so großzügig gebaut, daß er auch für heutige Bedürfnisse noch reichen würde. Neue Brücken entstanden, ein Schlachthof, ein Gas-, Elektrizitäts- und Wasserwerk wurden gebaut, für die verschiedensten Schulen neue Gebäude erstellt. Sehr wichtig waren aber vor allem solche Objekte wie die Trinkwasserversorgung, Kanalisation und die Hochwasserfreilegung durch den Bau von Flutmulden. Kurz vor dem 1. Weltkrieg war als Nachfolgerin der Pferdebahn eine elektrische Straßenbahn in Betrieb genommen worden. Die Altstadt vom Dreifaltigkeitsplatz bis Hl. Geist fand ihre Gestalt bis auf die Bauten der neuesten Zeit auch in diesen Jahrzehnten vor 1914, wurden doch in diesen Jahren viele Häuser neu gebaut, aufgestockt und umgebaut. Dies gilt auch für die Neustadt und andere Straßen der alten Stadt. Erst nach dem 2. Weltkrieg kamen neue, einschneidende Veränderungen für die Stadt hinzu.

Über das vorige Jahrhundert haben wir das gute Werk von Theo Herzog »Landshut im 19. Jahrhundert«, um das uns andere Städte beneiden. Zusammen mit der Stadtchronik von 1834–1908 von Franz Paul Weber und Otto Marschall ist diese Zeit gründlich beschrieben. Für die Jahre 1909–1918 hat der ehemalige Oberbürgermeister Otto Marschall in den zwanziger Jahren noch eine Fortsetzung der Stadtchronik verfaßt, die aber nicht veröffentlicht wurde. Es fehlt damit für die Zeit von 1909–1948 eine zusammenfassende Darstellung. Erst ab 1948 setzt eine neue Stadtchronik ein. An Quellen für diese Zeit ohne Chronik stehen also nur die Jahrgänge der Landshuter Zeitung, des Kurier von Niederbayern, der 1933 sein Erscheinen einstellte und der NS-Zeitung Bayerische Ostmark ab 1934 zur Verfügung, sowie einige Einzelpublikationen, z.B. Stadt- und Kirchenführer aus diesen Jahren und eine Bilanz der Jahre 1933–38, herausgegeben von der Stadt Landshut, bearbeitet von Stadtamtmann Heinrich Karl mit einer Fülle von Material neben der damals üblichen Verherrlichung der NS-Zeit, die in keinem dieser Bücher fehlen durfte.

Dieser hier vorliegende Band mit alten Photos von der Jahrhundertwende an zeigt die Kriegszeit 1914–1918, die Jahre zwischen den Kriegen, Aufnahmen des Vereinslebens und des Sports, der Landshuter Hochzeit, die Straßen und Plätze in den damaligen Jahren mit ihrem typischen Aussehen, frühe Photos der NS-Zeit bis zum Besuch Adolf Hitlers 1935, das Hochwasser von 1940 und Bilder der Zerstörung aus den letzten Kriegstagen. Was nicht in Bildern gezeigt werden kann, ist das Elend im 1. und 2. Weltkrieg, die Not der Zeit nach 1918 mit der Inflation und vor allem die der 30er Jahre mit den vielen Arbeitslosen, der Armut in Stadt und Land, der Not bei den Arbeitern und Bauern und im Mittelstand.

Die Innenstadt, wie wir sie bis 1945 kannten, war die Stadt des ausgehenden 19. Jahrhunderts. In den Jahren zwischen den Kriegen kamen nur wenige neue Bauten hinzu, so das Gebäude der Städtischen Werke am neu benannten Bischof Sailer Platz. In den Jahren 1927 und 1928 wurde die innere Isarbrücke völlig neu gebaut. Die Turngemeinde errichtete eine neue Turnhalle an der Wittstraße, die 1928 eingeweiht wurde. Bereits 1910 gründete Johann Schüllner mit Gleichgesinnten, veranlaßt durch die Notlage an preiswerten Kleinwohnungen, den Verein für Volkswohnungen eGmbH. Das erste Richtfest eines von Baumeister Harlander gebauten Hauses feierte man 1911, bis zum 1. Weltkrieg entstanden an der Volksstraße 70 Wohnungen in neun Wohnbauten. Das zweite Landshuter Wohnungsunternehmen, die Gemeinnützige Baugenossenschaft Landshut, fing im März 1919 zu arbeiten an. Als drittes Unternehmen kam 1924 die Wohnungsbau Landshut hinzu. 1941 wurden die drei Genossenschaften zwangsweise zusammengeschlossen. Neue Wohnviertel entstanden an der Stethaimer-, Ludmilla- und Lebühlstraße, der Regensburger Straße und am Piflaser Weg sowie im Harlander-Viertel, bei der Schwimmschule und außerhalb des Bahnhofes an der Oberndorfer Straße.

Bei der Tabakfabrik Johann Weiß errichtete 1931 die Stadt eine kleine Fußgängerbrücke, die den Namen Johann Weiß Steg erhielt. Dieser Steg war für die Bewohner außerhalb der Regensburger Straße eine große Erleichterung. In der neuen Siedlung außerhalb des Bahnhofes wurde 1929 eine als Notkirche bezeichnete neugebaute Kirche, St. Wolfgang, konsekriert. Die Achdorfer Eisenbahnbrücke wurde 1930 bis 1931 erneuert und die Brücke verstärkt, die Bahnstrecken München–Landshut und Landshut–Regensburg elektrifiziert. Das Denkmal König Maximilian II. vor dem Rathaus und der Balkon wurden entfernt und das Rathaus 1935/36 umgebaut. Ein einschneidendes Ereignis war 1932 die Verlegung der Regierung von Niederbayern nach Regensburg. Sie wurde mit der Regierung der Oberpfalz zusammengelegt.

Nur die heute über 45-jährigen erinnern sich an diese Zeit selbst. Sie werden von manchem Photo direkt angesprochen sein, stellt es doch für sie noch eine persönliche Erinnerung dar. Dieses Buch kann keine Chronik dieser Jahre ersetzen, soll es auch nicht. Neben der nostalgischen Erinnerung, die diese Bilder auslösen, sollen sie zugleich eine Dokumentation dieser Jahre sein.

Die Stadt vom Hofberg aus gesehen. Es gibt viele Aussichtspunkte, die Landshut immer wieder in etwas anderem Blickwinkel zeigen, so vom Söller der Burg, vom Hofberg aus, daneben vom Höglberg, der jetzigen Carossahöhe und vom beliebten Ausflugslokal auf dem Klausenberg aus. Die Wahrzeichen der Stadt, vor allen Dingen, die sie überragenden Bauten der St. Martinskirche und der Jodokskirche sowie die Burg Trausnitz, prägen neben den Straßenzügen der alten Stadt das Stadtbild. Im Vordergrund ist der Bau des humanistischen Gymnasiums zu sehen, früher das alte Hl. Kreuz Kloster. In diesen Räumen waren Teile der Universität untergebracht, die zu Beginn des 19. Jahrhunderts von Ingolstadt nach Landshut verlegt wurde. 1826 bestimmte König Ludwig I., daß sie nach 24 Jahren in die Landeshauptstadt München übersiedelte. Der Bau der Martinskirche ist ein Werk Hans von Burghausens, in der kunsthistorischen Literatur noch oft Hans Stethaimer genannt. Er starb 1432 in Landshut. Der kühne Bau wurde im Mittelalter vollendet. Zur Landshuter Hochzeit 1475 war bereits das Kirchenschiff fertig, der Turm von 133 m Höhe, der höchste Backsteinturm der Welt, ist um 1500 vollendet. Ein weiterer Bau dieses genialen Baumeisters ist die Kirche Hl. Geist am unteren Ende der Altstadt.

Dieser Blick auf die Stadt kann heute nicht mehr nachvollzogen werden. Vom Bau der Vereinigten Kunstmühle auf der Mühleninsel aus, geht der Blick auf die Rückfront der Stadtresidenz, die Martinskirche und die Burg Trausnitz. Unterhalb der Burg ist der mächtige Bau der Jesuitenkirche zu sehen.

Der mächtige Bau der Martinskirche überragt die alte Stadt. Schon von weit her ist das mächtige Kirchenschiff und der hohe Turm zu sehen. Der Blick auf das Äußere der Kirche, im Baumaterial der Gegend in Backsteinen ausgeführt, läßt etwas von der Schwerelosigkeit ahnen, die man beim Betreten des mächtigen Kirchenschiffes spürt. Die drei Schiffe sind in gleicher Höhe ausgeführt, das Gewölbe ruht auf überschlanken Säulen. Das Langhaus hat eine Länge von fast 52 m, Breite 29 m einschließlich der Seitenkapellen, Höhe des Kirchenschiffes auch 29 m.

Der alte Platz der Floßlände. Hier landeten bis zum Ende des vorigen Jahrhunderts die Flöße. Beim Bau der Luitpoldbrücke wurde der Ländtorplatz vor dem Ländtor angelegt. Wir sehen hier ein Stück der Isarpromenade mit dem Röcklturm.

Das Isarufer von der Mühleninsel aus gesehen mit Blick auf die Hl. Geist Kirche mit dem Spital und dem Haus des Fischers Stöckl. Das Postgebäude am Postplatz hat noch den Turm.

Das Ludwigswehr, im Volksmund »Sausteg« geheißen, staut neben dem Maxwehr die große Isar auf. Unser Blick geht über das Ludwigswehr auf das Ländtor, die Martinskirche und die Burg Trausnitz. Rechts nicht mehr im Bild der Bernlochner, die berühmte Gaststätte mit Festsaal und Theater.

Zu Anfang dieses Jahrhunderts wurde die damals so genannte Theatergasse erweitert. Wir sehen hier die jetzige Theaterstraße nach dem Umbau. Die Häuser der linken Straßenseite sind alles Neubauten zu Anfang dieses Jahrhunderts. Rechts das ebenfalls 1903 umgebaute Haus Kohlndorfer. In der Theaterstraße waren schon vorsorglich, genauso wie auf der neugebauten Luitpoldbrücke, Straßenbahnschienen für eine Straßenbahnlinie über die Papiererstraße zum Bahnhof gelegt. Sie wurden, nachdem die Linie nicht zustande kam, 1928 wieder entfernt.

Die Isar teilt sich am Beginn der Stadt in zwei Arme und vereinigt sich erst unterhalb der Stadt wieder. Die große Isar wird durch zwei Wehre aufgestaut und die Wasserkraft genützt. So entstanden auf der Hammerinsel Mühlenbetriebe, Sägewerke und Hammerschmieden.

Der Ländtorplatz mit dem Ländtor, links das Haus der Maschinenfabrik Wahl & Co., rechts die Mauer des Heißgartens. In dem Gebäude der Maschinenfabrik war später bis 1945 die Nebenstelle der Reichsbank untergebracht.

Mit dem Umbau des Kohlndorferhauses wurde auch der Laden umgebaut. Wir sehen hier den Laden nach dem Umbau 1903, wie er bis 1937 bestand. Die Einrichtung zeigt ein Kolonialwarengeschäft mit einer Feinkostabteilung. In einem eigenen Laden befand sich eine Seefischabteilung und ein Zigarrengeschäft.

Der alte Laden des Spezereiwarengeschäftes Alois Kohlndorfer, wie er sich noch zur Jahrhundertwende präsentierte.

Das Kaufhaus Tietz an der Ecke Altstadt/Theaterstraße, im Zuge der Erweiterung der Theaterstraße in den ersten Jahren dieses Jahrhunderts entstanden. Der Bau hatte bereits drei Geschoße als Verkaufsfläche und als erstes Haus in der Stadt einen Lift. Inhaber war Adolf Hirsch. In der Reichskristallnacht 1938 wurde das Kaufhaus des jüdischen Inhabers geplündert und die Schaufenster eingeschlagen. Das persönliche Schicksal von Adolf Hirsch und seiner Frau ist erschütternd. Sie kam im Krieg durch einen Unglücksfall, wahrscheinlich Selbstmord, ums Leben. Er wurde als alter Mann von Landshut deportiert. Über sein weiteres Schicksal ist nichts bekannt.

Die Theaterstraße vom Ländtor aus gesehen, rechts das Haus mit der Krüll'schen Universitäts-Buchhandlung. Der Ingolstädter Universitätsbuchhändler Johann Wilhelm Krüll schickte seinen Sohn Philip nach Landshut, um hier eine Buchhandlung zu eröffnen. Die Buchhandlung war zuerst im Hause Altstadt 78, später in Nr. 217 untergebracht und befindet sich seit 1904 in diesem Haus in der Theaterstraße. Inhaber dieser Buchhandlung war seit 1932/33 bis März 1969 Eugen Bertler.

Wer sich von München her Landshut nähert, betritt die Stadt über den Dreifaltigkeitsplatz. Das alte Münchner Tor steht nicht mehr. Der Blick vom Dreifaltigkeitsplatz in die Altstadt mit der Martinskirche beeindruckt jeden Besucher der Stadt.

Die Altstadt verläuft leicht geschwungen vom Dreifaltigkeitsplatz bis zur Hl. Geistkirche. Der Blick geht von der Höhe der Steckengasse aus in die untere Altstadt. Rechts steht vor dem Rathaus das Denkmal König Maximilian II., das Rathaus mit Balkon und den kleinen Läden, die bis zum Umbau des Rathauses 1935 hier untergebracht waren.

Die alte Bergstraße mit dem Burghausertor und dem Eingang zum Firmerkeller. Das Burghausertor, auch Hutertor genannt, ist eines der beiden noch erhaltenen Stadttore. Man sieht auf dem Foto den baulichen Zustand des Tores, das Fresko ist kaum mehr zu erkennen.

Das Burghausertor mit den Freskenmalereien. Die Aufnahme wird um das Jahr 1910 gemacht worden sein, da in dieser Zeit die Fresken erneuert worden sind. Man hatte sie unter dem Putz einige Jahre vorher wiederentdeckt. Oben zeigt das Bild eine Golgatha-Gruppe, darunter das bayerische Rautenwappen, das Wappen der Stadt und das herzogliche Wappen.

Das Tor bekam diese Fresken laut einer um diese Jahre angebrachten Tafel um 1447, die gleiche Inschrift besagt, daß das Tor seine jetzige Form im Jahre 1800 erhielt; der große spitze Turmhelm, der noch auf dem Sandtnermodell zu sehen ist, wurde durch die Kriege dieser Zeit beschädigt, so daß der dritte Stock und das Dach entfernt werden mußten und das heute noch bestehende Dach aufgesetzt wurde. Der Zwinger erhielt seine Gestalt ebenfalls in diesen Jahren. Damit ist das Burghauser Tor das einzige Stadttor, das noch mit Turm und Zwinger besteht.

In der alten Gemeinde Berg ob Landshut am Hofberg gibt es dieses alte Schulhaus. Die Aufnahme stammt aus dem Jahre 1928. Man sieht also, wie oft hier noch Ochenfuhrwerke als Transportmittel benützt wurden. Im gleichen Jahr, am 1. April 1928, erfolgte die Eingemeindung der beiden Gemeinden Berg ob Landshut und Achdorf in die Stadt. Das Haus wurde 1760–1773 als Schulhaus benützt.

Das Haus Am Graben Nr. 17. Die alte Bergstraße führt vom Hofberg auf dem kürzesten Weg in die Stadt. Sie verbreitert sich etwas oberhalb des Burghauser Tores und hat hier fast das Aussehen eines kleinen Marktes. Das ehemalige spitzgiebelige Gasthaus mit dem gestuften Erker dürfte noch aus der Zeit der Reichen Herzöge stammen.

Das Zimmer der Herzogin auf der Burg Trausnitz. Wände und Decken sind bemalt. Die Bemalung stammt vom Jahre 1679. Ausgeführt hat sie der Landshuter Maler Franz Geiger. Diese und alle anderen Zimmer sind bei dem Brand der Burg Trausnitz 1961 untergegangen.

Der Innenhof der Burg Trausnitz mit Bepflanzung. Später wurde hier ein einheitlicher Sandboden angebracht, der die Benützung des Trausnitz-Innenhofes auch für Freilichtveranstaltungen ermöglichte. Das Äußere der Burg wurde nach dem Brand 1961 wieder in der alten Form aufgebaut. Die Narrentreppe und die Kapelle blieben bis auf geringe Schäden vom Brand verschont.

Vom Annaberg aus der Blick auf die Burg Trausnitz und die Martinskirche. Man sieht auf diesem Bild, wie wenig der Annaberg bebaut war. Links das Ottonianum, das Johann Baptist Bernlochner, der große Landshuter Baumeister 1839 für den Bierbrauer Josef Bals als Kellerwirtschaft erbaute. 1882 wurde der Balskeller Internat für Realschüler, 1937 für die NS-Kreisleitung umgebaut.

Von der Turngemeinde aus, dem Platz an der Wittstraße, sieht man die Burg auf dem Vorsprung des Höhenzuges, der groß genug war, den mächtigen Bau der Burg aufzunehmen. An der Nordwestspitze dieses Vorsprungs liegt die Hauptburg, wie auf diesem Photo zu sehen ist.

Die heutigen Renaissancegalerien wurden 1579 erbaut, und zwar sowohl am Fürstentrakt wie auch am nördlichen Langflügel. Der gesamte Galeriebau, wie er heute besteht, wurde im genannten Jahr errichtet. Ausgeführt hat ihn der Landshuter Hofmaurer Georg Haas. Die Pläne dürften aber von Friedrich Sustris gestammt haben.

Die katholische Pfarrkirche Hl. Blut in Berg ob Landshut. Sie ist ein spätgotischer Bau, wohl aus der ersten Hälfte des 15. Jahrhunderts. Die Westseite des Baus zeigt zwei runde Türme und eine Vorhalle. Die Türme sind ganz einfach und nicht gegliedert. Der eine Turm ist einmal, der Südturm viermal abgesetzt. Der nördliche Turm ist etwas höher. Der Bau ist in Backsteinen ausgeführt und größtenteils unverputzt. Das Langhaus hat eine Länge von 19 m, die Breite beträgt 11 m. Die Einrichtung ist neugotisch. Die barokke Ausstattung war um 1880 entfernt worden.

Die Frauen des Hofbergs beim Kirchgang vor der Pfarrkirche Hl. Blut. Typisch sind die Häuser links bei der Pfarrkirche. Auf einem der Häuser ist als Bezeichnung »Armenwohnung« zu lesen.

Der Klausenberg mit Gaststätte war ein beliebtes Ziel für Ausflüge von Landshut aus. Eines der typischen Bilder eines Ausfluges zum Klausenberg mit dem berühmten Blick vom Klausenberg aus, Stadt und Burg im Hintergrund.

Der Realschul-Absolventen-Verband, kurz RAV genannt, wurde 1893 gegründet, 60 Jahre nach der Gründung der Realschule im Jahre 1833. Er spielt heute noch im gesellschaftlichen Leben der Stadt eine wichtige Rolle. Wir sehen hier die Feier zum 10-jährigen Jubiläum 1903. Hier waren auch die Münchner Absolventen zu Gast. Zur 100-Jahrfeier der Oberrealschule und Realschule 1933 konnte der RAV seine 40-Jahrfeier begehen. Diese wurde gemeinsam mit der 100-Jahrfeier der Realschule festlich gefeiert.

Im August 1861 gründeten 28 erste Mitglieder den Turnverein Landshut. 1882 kam der Männerturnverein als zweiter Verein hinzu. Im Jahre 1901 konnte der Turnverein sein 40jähriges Bestehen feiern. Im Juli dieses Jahres fand auch das XI. bayerische Bundes-Turnfest in Landshut statt. Beide Landshuter Turnvereine hatten gemeinsam die Festleitung übernommen. 252 Vereine nahmen an diesem Turnfest teil. Ungefähr 12000 Turner aus ganz Bayern kamen nach Landshut und wurden hier untergebracht. Am Sonntag war ein großer Festzug von der Kaserne der Schweren Reiter aus. Prinz Ludwig von Bayern, der spätere König Ludwig III., hatte das Protektorat des Turnfestes übernommen. Die Festlichkeiten waren durch bestes Wetter begünstigt. Die Brauerei Ainmiller, Inhaber Eugen Fleischmann hatte zum Turnfest dieses Märzenbierzelt aufgestellt.

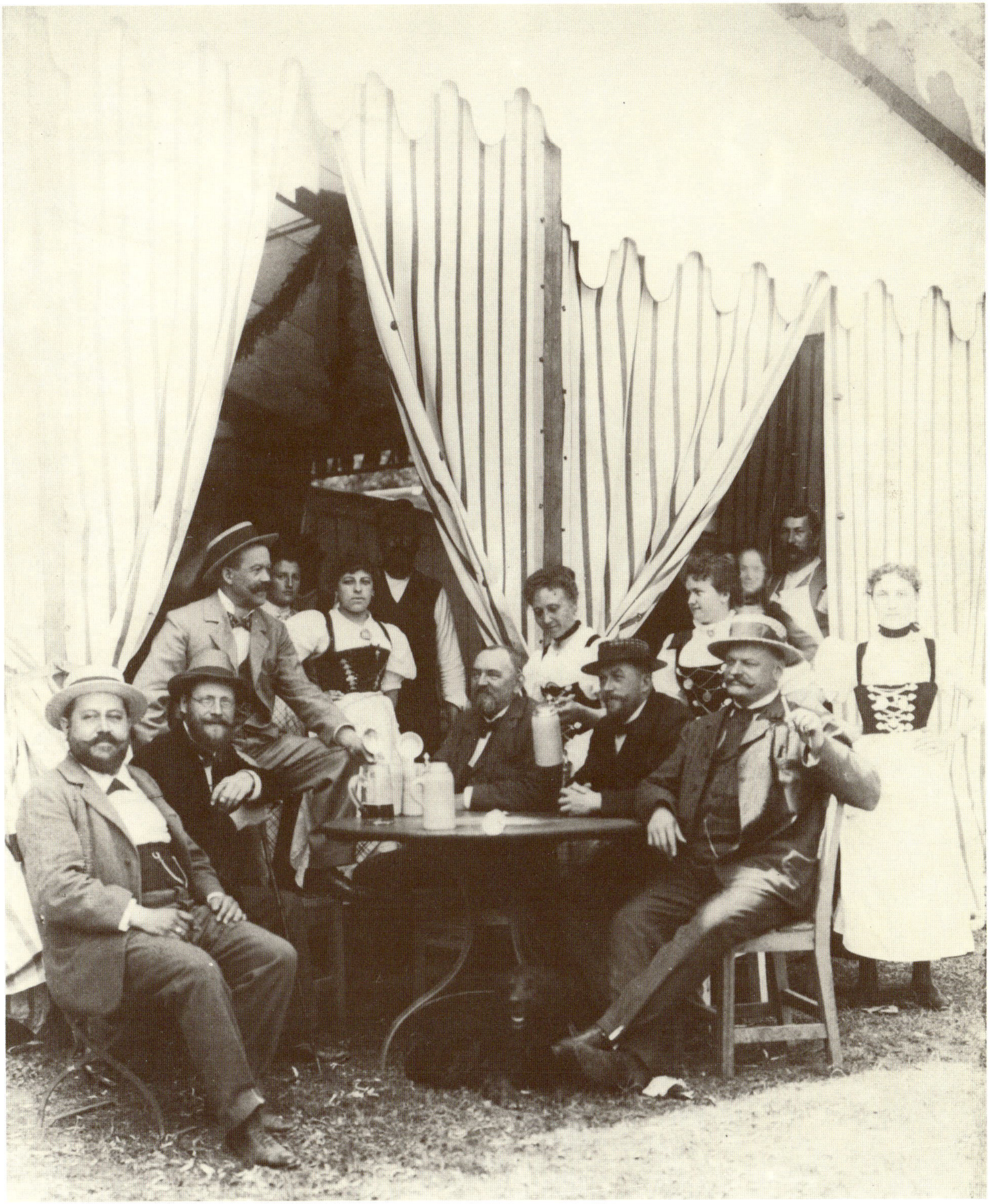

Das Eingangstor zur Gaststätte Haindlgarten an der Nikolastraße, eine der bekanntesten Gaststätten außerhalb der alten Stadt mit schönem Garten und Gartenhalle. Das Tor mit Beschriftung ist heute verschwunden. Der Haindlgarten führt Bier der Brauerei Koller, wie viele andere Landshuter Gaststätten. Seit 1873 gehörte er Michael und Magdalena Haindl und deren Nachfolger, ab 1900 ging er in andere Hände über. 1890 erfolgt der Neubau dieses Gasthauses der Nikolastraße 18.

Lange war das Grammophon für Gesellschaften die einzige Musikquelle, wenn nicht selbst Instrumente in die Hand genommen wurden. Das Koffergrammophon erfreute sich im Freien besonderer Beliebtheit.

Der Turnverein, die spätere Turngemeinde, im Jahre 1903. Der junge Robert Poller, der auf dem unteren Bild neben dem Fahnenträger steht, ist hier in der Mitte des Bildes zu sehen.

Die Teilnehmer der Turngemeinde Landshut am deutschen Turnfest 1923, das in München stattfand. Der Fahnenträger ist Max Heller.

Der Radfahrerclub National Landshut bei einem Radausflug nach Adlkofen im Jahre 1910 oder 1911. Die Fahne trägt die Bezeichnung des Radfahrerclubs National, das Band hat eingestickt die Jahreszahl 1902. Viktor Heidersberger, der beide Bände 'Das alte Landshut' sehr unterstützt hat, ist in der Mitte vorne als kleiner Junge zu sehen, der mit seinen Angehörigen an diesem Ausflug teilgenommen hat.

39

Links oben: Der Anfang der Seligenthalerstraße, links das Gebäude des Hauptzollamtes. Rechts oben: Das Hotel Kaiserhof mit der Protestantischen Kirche an der neugebauten Luitpoldbrücke. Links unten: Die Seligenthalerstraße mit der Brasiltabakfabrik Kissenberth & Straub. Rechts unten: Die Nikolastraße mit der Kirche St. Nikola, links der Wittelsbacher Hof.

Die Vorderfassade des Hotels Dräxlmair vor dem Umbau, wobei dann der linke Eingang verschwand. Die Dräxlmair-Brauerei wurde von der Brauerfamilie Wittmann aufgekauft, die Braustätte nach Achdorf verlegt. Hinter dem Haus mit Gaststätte und Hotel befand sich die alte Brauerei, wie man bis nach dem 2. Weltkrieg sehen konnte. Die Gaststätte mit Hotel, lange Zeit erstes Haus am Platz, besteht heute nicht mehr.

42

Der Innenhof des Klosters Seligenthal 1901. Der Abbruch des alten Stadels ist gerade im Gange. Links die Afra-Kapelle im Klosterhof zu Beginn unseres Jahrhunderts nach der erfolgten Außenrenovierung.

Die Seligenthalerstraße mit dem Kloster Seligenthal. Das Hauptgebäude am Obeliskenplatz, dem späteren Bismarckplatz, wurde um ein Stockwerk erhöht. Man sieht hier, daß an der Seligenthalerstraße ein Flügel angebaut wurde. Im Vordergrund ein Wagen der Pferdebahn, ein sogenannter Sommerwagen, deren Seiten offen waren.

Die äußere Isarbrücke am Bismarckplatz, 1897 erbaut mit den typischen Trägern der Eisenkonstruktion, die ganze Generationen von Jungen dazu verleitet hat, darüber zu laufen. Rechts im Hintergrund das Gasthaus Münsterer.

Der Arkadenhof des Hauses Altstadt 299, dem sogenannten Kaufmannhaus. Über dem Südausgang ist das Uhrenhäuschen zu sehen. Die Aufnahme stammt aus dem Jahre 1915. Beim Sparkassenneubau des danebenliegenden Grasbergerhauses wurde der Teil des Hauses 299 mit den Arkaden im Hof dazu erworben und abgebrochen. An der Mauer sind die Arkaden nur noch in etwa angedeutet.

Der Hof des Pappenbergerhauses Altstadt 81, als vornehmes Bürgerhaus gebaut. Die Bauzeit dürfte in der Mitte des 15. Jahrhunderts liegen. Bauherr und Eigentümer waren die Pappenberger, wie die Benennung, aber auch die Wappen erkennen lassen. Der Hofflügel des Hauses stößt an das Nachbarhaus an. Der unverputzte Backsteinbau besitzt eine reiche Gliederung. Die Obergeschoße des Hofflügels sind durch Übergänge mit dem Hauptbau verbunden, die auf runden Bögen ruhen. Erker bestimmen das Gesicht dieses Hofes des Pappenbergerhauses. Anzumerken ist noch, daß die Verschwörung gegen Herzog Heinrich des Reichen, den ersten der drei Reichen Herzöge der Landshuter Linie, nicht im Röcklturm, sondern im Pappenbergerhaus stattgefunden haben soll.

Die Chorfront der Ursulinenkirche im Klosterhof. Ein Blick, der den meisten Landshutern unbekannt ist. An Stelle einiger gotischer Häuser ist die Kirche 1671 bis 1680 erbaut worden, dazu auch zwei Gebäude. Anfang des 18. Jahrhunderts bestand dann die Klosteranlage komplett, die zwei Innenhöfe umschließt. Das Kloster wurde bei der Säkularisation 1809 aufgehoben, König Ludwig I. errichtete es 1826 wieder. Die Ursulinen spielten im Schulwesen der Stadt eine große Rolle.

Der Klosterbau der Ursulinen mit Kirche in der Neustadt. Es handelt sich hier um die ältesten Teile des Klosters.

Der große Schultrakt am späteren Bischof-Sailer-Platz, damals noch Reitschulplatz, wurde 1884 gebaut, drei Jahre später setzte man dem Gebäude in der Neustadt ein drittes Stockwerk auf.

Der Hof des Ursulinenklosters, der den Schülerinnen auch als Turnplatz zur Verfügung stand. Im Ursulinenkloster war eine Volksschule untergebracht. Im Jahre 1884 kam ein Lehrerinnenseminar hinzu. Die Institutsschule wurde in eine sogenannte sechsklassige höhere Töchterschule umgewandelt, desgleichen konnten Handarbeitslehrerinnen ausgebildet werden. Ab 1910 kam ein Wirtschaftslehrerinnenseminar mit Haushaltsschule und eine hauswirtschaftliche Fortbildungsschule hinzu. Kurz vor dem 1. Weltkrieg wurde noch eine Lehrerinnenbildungsanstalt angegliedert.

Der Mittelbau des Klosters mit dem Klostergarten. Im 2. Weltkrieg wurde das Kloster Lazarett, im letzten Kriegsjahr kam auch der Volksschultrakt als Lazarett zur Verwendung, so daß nunmehr über 700 Betten zur Verfügung standen. Das Kloster selbst nahm geflüchtete Ordensschwestern auf. In den letzten Kriegstagen wurden die Gebäude stark beschädigt, die Dächer waren zum Teil abgedeckt, die Fenster durch Bombeneinwirkung zerstört und Mauern und Zimmer durch Einschüsse beschädigt.

Das alte Oberpaurhaus Ecke Altstadt/ Rosengasse so wie es vor dem Umbau 1888 bestand. Da dieses Bild für die alte Altstadt so typisch ist, fand es trotz des frühen Datums noch Aufnahme in diesem Band.

Die Häuser der mittleren Altstadt mit den Bögen. Vom Grasbergerhaus, dem Haus 300 der Altstadt, bis zur Martinskirche und oberhalb der Martinskirche zeigen die Häuser der Altstadt die typischen Bögen. Ein mindestens Fußgängerweg breiter Gehweg führt unter den Häusern entlang. Auf dem Bild ist das Haus Jakob Tresch und die daneben liegenden Häuser zu sehen. Das rechte Nebenhaus des Spenglermeisters Weiß wurde gegen Ende des vorigen Jahrhunderts 1897 völlig neu gebaut. Es entstand anstelle von zwei alten Häusern. Der Bau erfolgte in einer Zeit von fünf Monaten.

Das Kriegerdenkmal in der Neustadt wurde am gleichen Tag wie die innere Isarbrücke eingeweiht. Die Kosten beliefen sich auf genau 62 633,58 RM und mußten zu 63,7% durch die Stadt getragen werden. Oberbürgermeister Herterich bezeichnete es in einer Sitzung des Stadtrates als betrüblich, daß aus der Bevölkerung nicht mehr an Spenden herauszuholen gewesen sei.

Der Blick geht vom Dach der Hl. Geistkirche in die Altstadt, man sieht die leicht geschwungene Linie der Häuser in der unteren Altstadt, das Rathaus und die Giebelhäuser mit den Bögen, die Martinskirche und die Burg mit dem Söller. Die Altstadt hat noch die alten Lampen, die dem Verkehr weichen mußten, nur die innere Fahrbahn mit den Straßenbahnschienen ist gepflastert, rechts und links ist das Katzenkopfpflaster aus Isarkieseln zu sehen. Das Parkplatzproblem spielte noch keine Rolle.

Das Hotel Kronprinz mit Restaurant, erstes Haus in Landshut, hatte oft Fürstlichkeiten, Generäle und Kommandeure, Minister und hohe Staatsbeamte als Gäste. Eine Wache mit Schilderhaus steht vor dem Eingang, dazu noch viel Publikum, das mit aufs Bild wollte.

Jährlich zum Geburtstag des Prinzregenten fand eine große Parade der Landshuter Garnison statt. Die letzte war 1914 am 7. Februar zum Geburtstag König Ludwig III. von Bayern. In den Jahren des »Führers« wurden die Geburtstagsparaden auch wieder in der Altstadt vor dem Rathaus abgehalten.

Das Rathaus ist festlich geschmückt für die 100Jahrfeier des 4. Jägerbataillons. Ritter von Berg nimmt den Vorbeimarsch ab, deutlich ist auch Oberbürgermeister Marschall zu erkennen. Für die Feierlichkeiten des Jahres 1895 war die Jägerhalle im Heißgarten erbaut worden, später noch oft für Feierlichkeiten und Versammlungen benützt. Auch dieses Bild zeigt und deshalb wurde es mitaufgenommen, wie diese Zeit durch vaterländische Veranstaltungen und durch das Militär mitgeprägt war, eine Tatsache, die wir bei der Beurteilung dieser Jahre nicht vergessen dürfen.

Kriegsausbruch 1914. Das 2. Schwere Reiter Regiment zog am 3. August 1914 aus der Stadt aus. Die 16er, das 1. Bataillon des 16. Infanterieregiments folgten am 8. August. Einen Tag später zieht das 2. Bataillon des Reserve Infanterie Regiments Nr. 2, das wir hier auf dem Bild in der Freyung sehen, ins Feld.

1915 stürzte ein deutsches Flugzeug, das Kreuz am Leitwerk macht es deutlich, an der Flutmuldenbrücke bei der Meyermühle ab.

»Lieb Vaterland kannst ruhig sein.« Dieses Bild mit der Jahreszahl 1915 zeigt die allgemeine Begeisterung, die bei Kriegsausbruch und lange danach herrschte. Es ist auch Beispiel dafür, wie sich diese auf die Jugend auswirkte, die begierig war, in den Krieg ziehen zu dürfen. In dieser kriegerischen Aufmachung sieht man die Söhne Erwin und Siegfried des Münchnerauer Lehrers Bergler.

Der erste Gefangenentransport von etwa 1400 Franzosen kam am 24. Februar 1915 in Landshut an. Oberbürgermeister Marschall schreibt: Selbstverständlich hatten sich bei dieser Gelegenheit eine Menge Zuschauer aus der Stadt und Umgebung eingefunden, die aber alle in würdiger Haltung und schweigend die Unglücklichen, traurig trotzig, mit ihren Habseligkeitsbündeln vorüberziehen ließen, ohne irgendeinen Ausdruck von Zorn, Haß und Unwillen von sich zu geben. Hierüber sowie nachher über die humane Behandlung haben sich auch die französischen Gefangenen dankbar ausgesprochen. – Die Gefangenen waren mit ihren Bewachern in den neu errichteten Baracken auf Mitterwöhr, im alten Stadel auf der Trausnitz und in den unteren Räumen der Reiterkaserne untergebracht.

Die Verwundeten des französischen Hospitals im Juli 1915 mit ihrem deutschen Pfleger, der sich in der Betreuung große Verdienste erwarb.

**Glockenabschied
in Landshut St. Nikola
25. September 1917.**

Viele Glocken wurden während des 1. und auch während des 2. Weltkrieges eingeschmolzen, um für die Kriegsrüstung das dringend benötigte Metall zu bekommen. Wir sehen hier den Glockenabschied von St. Nikola. Wie viele andere Pfarreien mußte auch diese ihre Glocken abliefern. Der geistliche Herr ist der langjährige Pfarrer von St. Nikola, Geistlicher Rat Josef Frischeisen.

In der Neustadt bei der Firma Max Kohlndorfer stehen die Einwohner der Stadt, Frauen und Kinder überwiegen, um Petroleum an. Die älteren unserer Landshuter Mitbürger, die diese Zeit als Kinder erlebt haben, können sich noch daran erinnern. Die Ausgabe erfolgte in der Rosengasse. Es gab dann oft nur einen Viertelliter Petroleum.

Der Realschul-Absolventen-Verband weiht für seine Gefallenen des 1. Weltkrieges 1921 eine Gedenkstätte im Hofgarten ein. Das Denkmal an einer ansteigenden Wiese des Hofgartens aufgestellt, ist an einem sehr stimmungsvollen Platz gelegen. Es dient nicht nur zur Erinnerung an die Gefallenen des 1. Weltkrieges, sondern an alle Toten des Verbandes und die Gefallenen des 2. Krieges.

Die Einweihung des Kriegerdenkmals in der Mitte der Neustadt erfolgte am 24. Juni 1928. Das Kriegerdenkmal entwarf der Oberammergauer Bildschnitzer Wilhelm Lechner.

Bei den Feierlichkeiten war die Neustadt ober- und unterhalb des neuaufgestellten Denkmals von einer großen Menschenmenge gefüllt. Neben den Vertretern von Staat und Stadt nahm die Reichswehrgarnison mit dem Musikkorps unter dem bereits beim 2. Schweren Reiter Regiment tätigen Obermusikmeister Hermann Krümmel an der Einweihung teil.

Die Madonna des Hans Leinberger in der Martinskirche. Sie war bis nach dem 2. Weltkrieg an der linken Säule am Eingang zum Chor angebracht. Die Innenansicht von St. Martin zeigt noch die Kreuzwegtafeln an den Säulen. Sie wurden in den 30er Jahren von dort abgenommen. Der Kreuzaltar stand am Beginn des Chores vor dem Hochaltar. Das lebensgroße Kruzifix ist, in Silber getrieben, eine Schöpfung des frühen Rokkoko um das Jahr 1720, die Mutter Gottes eine Holzfigur in Silber gefaßt. Die ursprüngliche Silberfigur war 1801 eingeschmolzen worden.

Der Hochaltar von St. Martin mit den beiden Seitenflügeln. Die Seitenflügel wurden im 19. Jahrhundert angefügt und nach dem 2. Weltkrieg wieder entfernt. In der Barockzeit war der alte Sandsteinaltar von einem großen Barockaltar überbaut und durch ihn teilweise zerstört. Max Puille, ein Freund und Gehilfe Ludwig Schwanthalers hat den ursprünglichen Steinaltar wieder freigestellt und übernahm auch die Ergänzung der Teile des Altars. Die alten Flügel befinden sich heute in der Jesuitenkirche.

Anläßlich dieses 500-jährigen Jubiläums der St. Martinskirche fand eine feierliche Prozession statt, bei der auch der Kastulus-Schrein mitgetragen wurde. Bei der Prozession war Michael Kardinal Faulhaber, Erzbischof von München und Freising, anwesend. Die Prozession erhielt ihr besonderes Gesicht dadurch, daß in den Kostümen der Landshuter Hochzeit Teilnehmer dieses Festes, wie die herzogliche Leibgarde mit dem Obristen zu Pferd und Pagen an der feierlichen Prozession teilnahmen. Auch die Kapelle der Reichswehr nahm in Kostümen der Landshuter Hochzeit an der Prozession teil.

Die machtvolle Fronleichnamsprozession in der Neustadt. Am Fronleichnamsfest war die gemeinsame Prozession aller Landshuter Pfarreien. Am darauffolgenden Sonntag waren die Prozessionen der anderen Pfarreien St. Jodok, St. Nikola, Hl. Blut und Achdorf. Es scheint sich hier um die Prozession von Jodok zu handeln.

71

Die Kirche Hl. Geist, die Spitalkirche, ist der zweite Bau Hans Stethaimers von Burghausen in Landshut. Sie steht am unteren Ende der Altstadt. Baubeginn 1407. Der Bau wurde 1461 vollendet, der Turm ist nicht ganz ausgebaut. Als Baumaterial diente der heimische Ziegel. Auf dem Foto sehen wir den Westgiebel der Kirche, der in drei Teile, die durch die Giebelform nach oben schmaler werden, unterteilt ist. Die Felder der untersten Reihe, die unser Bild zeigt, wurden 1882 verputzt und mit Malerei versehen. Kalcher schreibt in seinem Stadtführer, daß die Giebelfassade im Jahre 1885 eine bildliche Ausschmückung durch den Münchner Künstler Xaver Barth, einen Schwindschüler, erhielt. Die Gemälde stellen die sieben Werke der Barmherzigkeit, ausgeübt durch Frauen des Ordens der Barmherzigen Schwestern, dar. Der Maler hatte diese Motive auch schon für Glasgemälde benützt. Diese Gemälde wurden am Ende des 2. Weltkrieges beschädigt und nach dem Kriege entfernt. Das in eines der Fenster später eingebaute Türmchen wurde erst im 19. Jahrhundert eingebaut.

Die dreischiffige Hallenkirche wurde in den Jahren 1882 bis 93 regotisiert. Die barocke Ausstattung ging im Laufe des 19. Jahrhunderts verloren. Es ist nicht bekannt, was damit geschehen ist. Unsere Aufnahme des Innenraums zeigt die Kirche mit den neugotischen Altären. Der Hochaltar war eine getreue Nachbildung des Rocklfinger Altars der Wartenberger Friedhofskapelle, eines Werkes der Lands-

73

huter Schule des 15. Jahrhunderts. Die neugotische Ausstattung war genau wie die Kirche durch die Einwirkungen des Krieges, insbesondere die Sprengung der inneren Isarbrücke, beschädigt. Sie wurde entfernt. Was mit ihr geschehen ist, ist ebenfalls nicht bekannt. Es stellt sich aber die Frage, ob diese Werke der Neugotik dies verdient haben. Unser Bild wirft diese Frage auf. Von der barocken Ausstattung der Hl. Geistkirche hängt das Hauptaltarbild 'Sendung des Hl. Geistes' heute an der südlichen Innenwand. Der Maler ist der Landshuter Ignaz Kaufmann.

Die Freyung ist der dritte große Stadtteil der alten Stadt neben Altstadt und Neustadt. Sie wird beherrscht vom Bau der Jodokskirche, der etwas erhöht steht. Der Turm hat 77 m Höhe und bestimmt neben dem wesentlich höheren Turm der St. Martinskirche auch heute noch das Stadtbild. Auf der oberen Freyung, dem früheren Promenade- oder Paradeplatz stand früher der Marienbrunnen. Er wurde 1870 aufgestellt und 1936 entfernt. Der obere Teil des Brunnens befindet sich heute im Pfarrgarten von St. Jodok. 1936 beim Umbau des Rathauses wurde das Denkmal König Max II., das bis dahin vor dem Rathaus stand, hierher umgesetzt und im 2. Weltkrieg eingeschmolzen. Es existiert leider heute nicht mehr.

Die untere Freyung wird neben der Jodokskirche beherrscht vom Bau des St. Jodoksstiftes, auch Asyl von St. Jodok genannt, eines Altenheimes. Stifter des Asyls ist Josef Filsermayr, am 24. Dezember 1838 zu Schrobenhausen geboren und 52 Jahre Mesner und Kustos bei St. Jodok. Er starb am 15. September 1915. 1896 zog der erste Insasse in das Asyl ein. Zu Anfang des Jahrhunderts wurden dann weitere Häuser hinzugekauft, so daß im Jahre 1905 33 Personen dort lebten. Dazu kamen die Schwestern, Mägde, Lehrlinge und 22 Schülerinnen des Lehrerinnenseminars. Für Unterbringung in einem eigenen Zimmer wurden zu dieser Zeit 35,– bis 45,– Mark pro Monat einschließlich Heizung, Bedienung und Essen bezahlt.

Der Innenraum der St. Jodokskirche mit der Bemalung von 1913. Hier wurde der Versuch unternommen, ohne Rücksicht auf die Tongebung, eine Neuausmalung vorzunehmen, Gewölbe der drei Hauptschiffe gelb, Rippen weiß, in den Altarkapellen gemalte grüne Ranken, die Arkadenpfeiler und die Orgelempore in violettem Grundton. In den 40er Jahren des 19. Jahrhunderts erfolgte die Regotisierung. Ein Teil dieser Ausstattung ist noch vorhanden. Der Bau der Sakramentskapelle, früher Maria Einsiedel Kapelle an der Chorseite erfolgte im 19. Jahrhundert. Sie war durch eine Mauer vom linken Seitenschiff getrennt. Die Kirchenneubemalung von 1913 stammt von Kunstmaler Martin Herz, später Konservator am Landesamt für Denkmalpflege. Diese Bemalung wurde nach dem 2. Weltkrieg beseitigt und versucht, die alte Farbgebung wieder zu finden.

Der Innenraum der Kirche St. Nikola mit der neugotischen Ausstattung. Die Kirche wurde bei dem Fliegerangriff auf das Bahnhofsgelände am 19. März 1945 beschädigt. Bomben fielen neben der Kirche, so daß das Dach, die Fenster und auch der Hochaltar sehr deutliche Spuren dieses Angriffes zeigen. Die neugotische Ausstattung wurde entfernt. Es ist nicht bekannt, wo sie hingekommen ist. Im Jahre 1855 war mit der Regotisierung der Kirche begonnen worden. Der Hochaltar wurde von dem Bildhauer Schneider und dem Schreiner Eggert nach Entwürfen von Paul Weiß ausgeführt. In der Mitte befand sich ein Bild des Hl. Nikolaus von dem Münchner Maler Andreas Lochner. Die Seitenaltäre schmückten Bilder des Hl. Wolfgang und der Hl. Katharina des Landshuter Malers Bauer. Die Kanzel wurde vom Schreiner Schuler in Landshut angefertigt. In der Kirche befindet sich von Hans Leinberger ein weiteres bedeutendes Kunstwerk 'Christus in der Rast'. Es stand früher in der kleinen Wegkapelle an der Nikolastraße schräg gegenüber der Kirche und wurde dann in der Kirche an der Rückwand des südlichen Seitenschiffes aufgestellt. Heute steht es im rechten Seitenschiff anstelle des früheren neugotischen Altares.

Bild der Altstadt mit lebhaftem Verkehr und mit einem Triebwagen der Landshuter Trambahn, der elektrischen Straßenbahn. Die Motorisierung machte in den Jahren zwischen dem Krieg langsam Fortschritte. Die Hauptlast des Verkehrs wurde aber immer noch durch Pferdefuhrwerke, im landwirtschaftlichen Bereich auch durch Ochsenfuhrwerke bewältigt. Im Jahre 1929 wurde ein neuer Straßenbahnwagen/Anhänger mit automatischem Trittbrett in Betrieb genommen. Die Straßenbahngleise am Bahnhof wurden verlängert und durch Abstellgleise ergänzt. Beim Neubau der inneren Isarbrücke verlegte man die Schienen zweispurig. Dasselbe geschah in der unteren Altstadt, so daß erst ab der Zweibrückenstraße die Straßenbahn wieder einspurig fuhr. Triebwagen und Anhänger der Straßenbahn wurden durch die Bombardierung am Ende des 2. Weltkrieges vollständig zerstört.

Das dreigiebelige Haus der Brauerei Ainmiller in der oberen Altstadt. Joseph Bals ließ 1846 die Fassaden der drei Häuser zu einem einheitlichen Ganzen zusammenziehen. Als 1859 die Häuser in den Besitz des Brauers Max Ainmiller kamen, einem Sohn eines Münchner Glasmalers, hatte dieser sehr viel Sinn für das Aussehen seiner Häuser. Er ließ 1880 von Professor Hauberrisser, dem Erbauer des neugotischen Münchner Rathauses, die Fassaden in der heutigen Gestalt umbauen. Man kann nicht sagen, daß die teilweise verachtete Bauperiode der Neugotik hier etwas Schlechtes geschaffen hat, ist es doch eines der repräsentativsten und vornehmsten Bürgerhäuser der Stadt Landshut. 1890 kam es in den Besitz des Brauers Eugen Fleischmann. Im Jahre 1923 wurde seine Brauerei mit der Kollerschen Brauerei zu der Aktiengesellschaft Landshuter Brauhaus Koller/Fleischmann vereinigt. Die alten Brauereigebäude im Hof des stattlichen Anwesens wurden im Jahre 1882 abgerissen.

Das Bild auf dieser und auf den beiden folgenden Seiten zeigt das Ländtor, neben dem Burghausertor das zweite, zum Teil erhaltene Stadttor von verschiedenen Seiten. Auf dem Bild auf dieser Seite hat man das Tor vom Stadtinnern her im Blick. Man sieht das angebrachte Landshuter Stadtwappen. Die beiden Tortürme sind für den Fußgänger durchbrochen. Dies geschah ebenfalls im Zuge der Erweiterung der Theaterstraße. Die Häuser gegenüber der zurückgesetzten Front der Theaterstraße wurden ebenfalls noch begradigt. Wir sehen hier auf dem zweiten Bild noch das alte Torbräugebäude an der Ecke zur Länd. Außerhalb des Ländtores befand sich der Heißgarten mit der Jägerhalle, die 1895 zum 100. Jubiläum des 4. Jägerbataillons erbaut wurde.

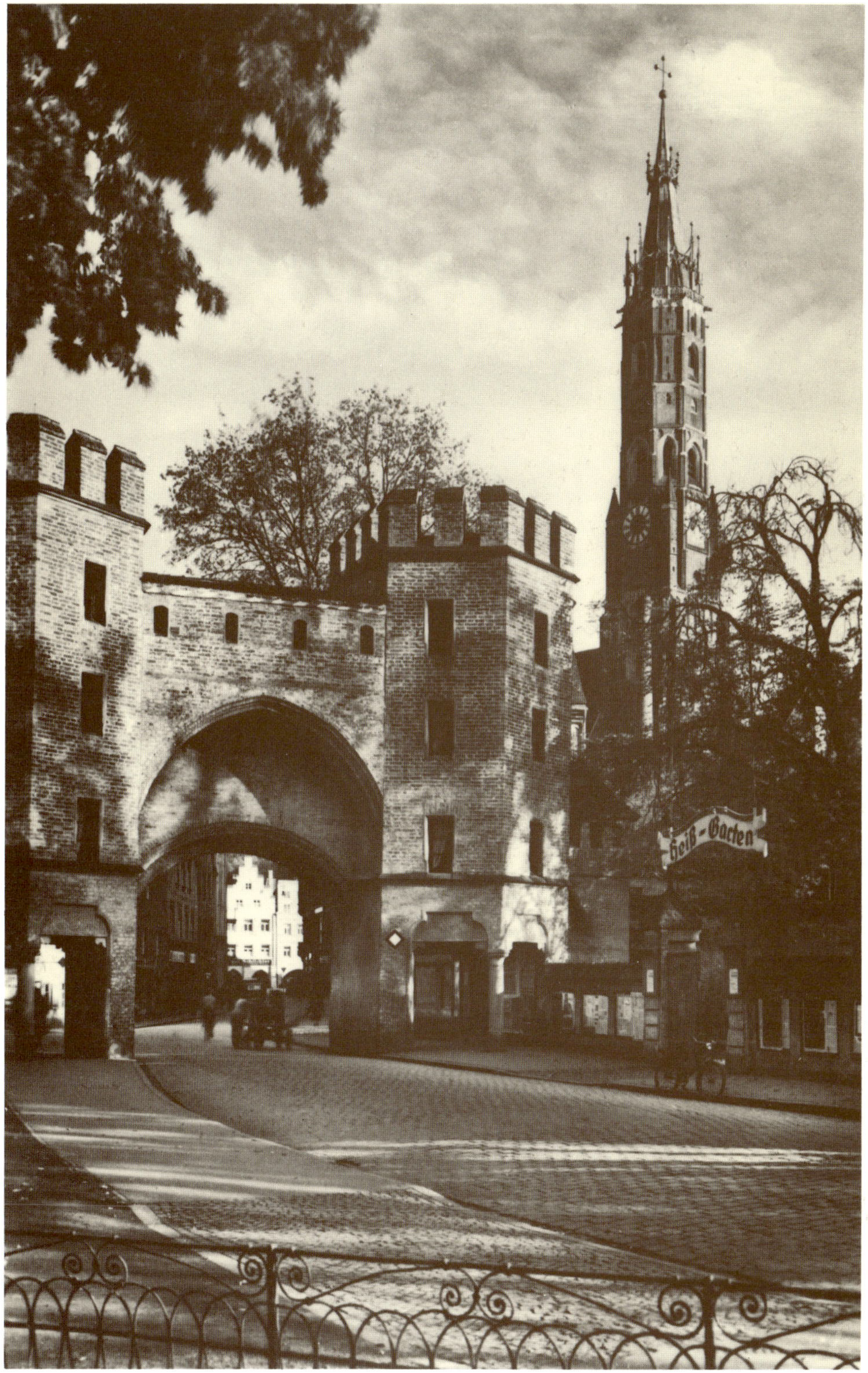
Geiß-Garten

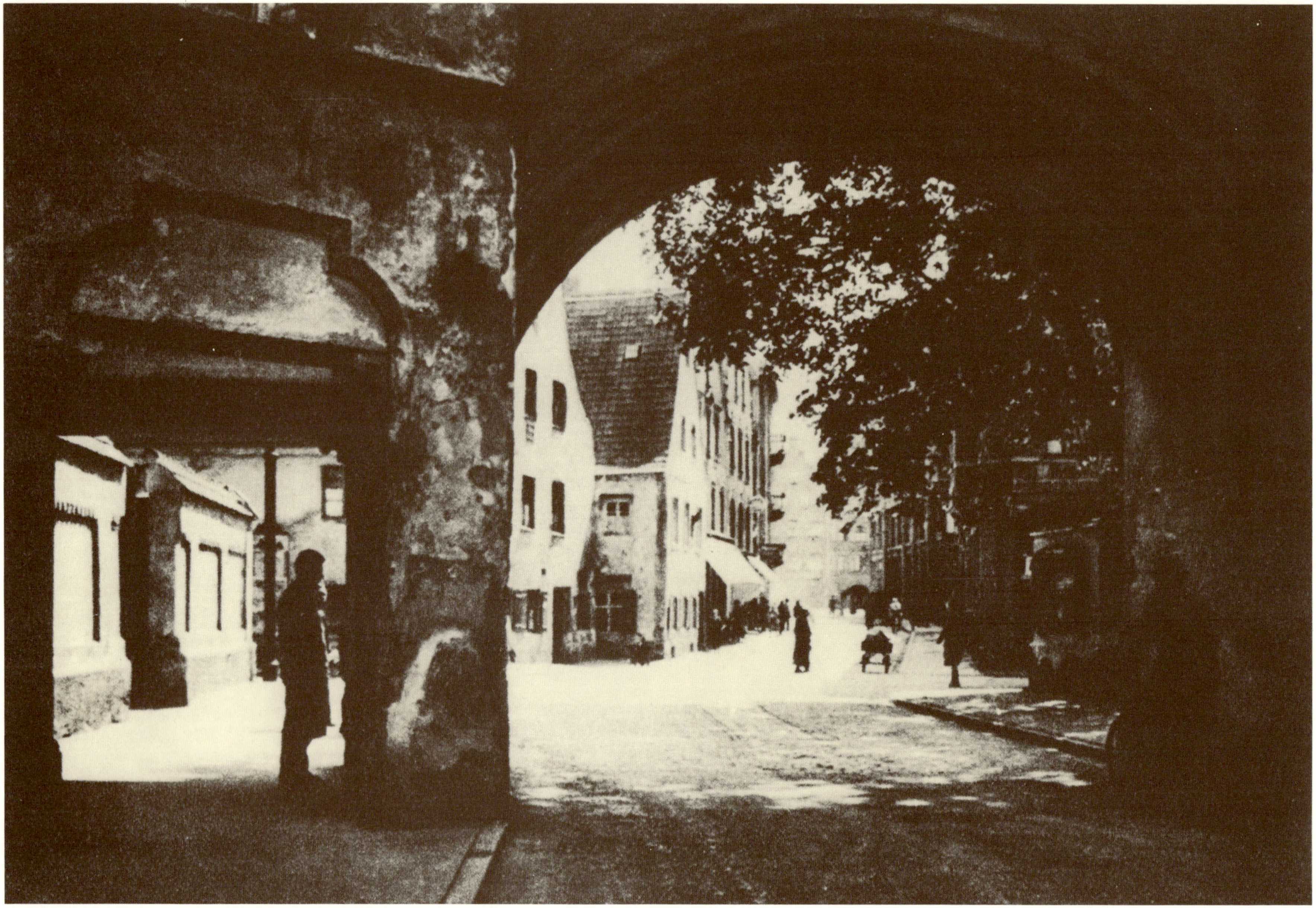

Das Haus Nr. 64, das damalige Rötzeranwesen, kaufte die Stadt 1933 auf, da es störend in die Fahrbahn der Theaterstraße vorsprang. Die Giebelmauer wurde um 1,90 m bis 90 cm zurückversetzt. Die Stadt verkaufte das Haus dann ohne Verlust weiter.

Innenhof des Hauses Nr. 13 am Dreifaltigkeitsplatz. Es ist dies einer der wenigen bekannten Innenhöfe der Stadt. Der quadratische Innenhof hatte im Erdgeschoß Arkaden, die jetzt größtenteils zugemauert sind. Die Säulen haben die Formen des frühen Barock. Im Obergeschoß Stichbogenarkaden auf Rundpfeilern mit rechteckigen Blendfeldern. Im 2. Obergeschoß finden wir den in Landshut üblichen Rauhputz. Der Zustand des Hofes hat sich mit Ausnahme des baulichen Zustandes nicht mehr verändert. Es ist einer der intimsten, aber auch zugleich malerischsten Höfe der Stadt.

Der Röcklturm, auch Fischmeisterturm genannt, steht nahe dem Ländtor. Er soll bei dem Bürgeraufruhr gegen Herzog Heinrich dem Reichen im Jahre 1410 eine Rolle gespielt haben. Die Isar fließt unmittelbar am Röcklturm vorbei. Von hier bis zum Hl. Geist Spital lief die alte Stadtmauer direkt am Fluß entlang. Der Turm springt über die alte Stadtmauer hervor und zwar in Form eines fünfeckigen Baus. Oberhalb des Turmes vor dem Ländtor befand sich die alte Floßlände, die erst beim Bau der neuen Luitpoldbrücke zu Ende des vorigen Jahrhunderts durch die Errichtung des Ländtorplatzes beseitigt wurde.

Das Harnischhaus in der Länd mit dem breiten Mauerbogen, die die obere Länd überspannt. Das Harnischhaus ist die älteste Stadtwohnung der Landshuter Herzöge. Eine Tafel am Haus sagt: „Dieses Gebäude diente den drei letzten niederbayerischen Herzögen als Stadtwohnung. Hier starb am 18. Januar 1479 Herzog Ludwig der Reiche." Später war das Haus die Wohnung des »Viztums«, des Vorstandes des Rentamtsbezirks Landshut. Im Harnischhaus war längere Zeit auch der historische Verein von Niederbayern untergebracht. Im Erdgeschoß gibt es einige gotische Gewölbe, die zur Zeit für die Gaststätte zum Vitztum benutzt werden.

Das Haus untere Altstadt, Ecke Hl. Geistgasse, war das Gasthaus zur Post des Georg Tippel. Seit der Eröffnung des neuen Postgebäudes am Postplatz waren hier die Stallungen für die Postpferde. Der frühere Name des Hauses war Gasthaus zum Stegmüller, da sich früher hier der Strasserbräu und dann der Stegmüllerbräu befand. Georg Tippel war nicht nur Gastwirt der Wirtschaft Altstadt 392, Gasthof Tippel bzw. Gasthof zur Post genannt. Er war neben Joseph Linnbrunner einer der Väter der Landshuter Hochzeit. 1924 verkaufte er seinen Gasthof und zog sich als Privatier zurück. Er war nach wie vor für die Landshuter Hochzeit tätig.

Das Eselsgespann der Weißbierbrauerei von F. Hofreiter. Man sieht, daß nicht nur Pferde und Ochsen, sondern auch Esel für den Transport eingesetzt waren. Hofreiter war eine der Landshuter Weißbierbrauereien. Sie wurde 1919 von der Brauerfamilie Robert Fleischmann übernommen. Die Brauerei befand sich zuerst im Hofreiteranwesen in der Neustadt, später an der Schönbrunner Straße, wo auch die Lagerkeller waren.

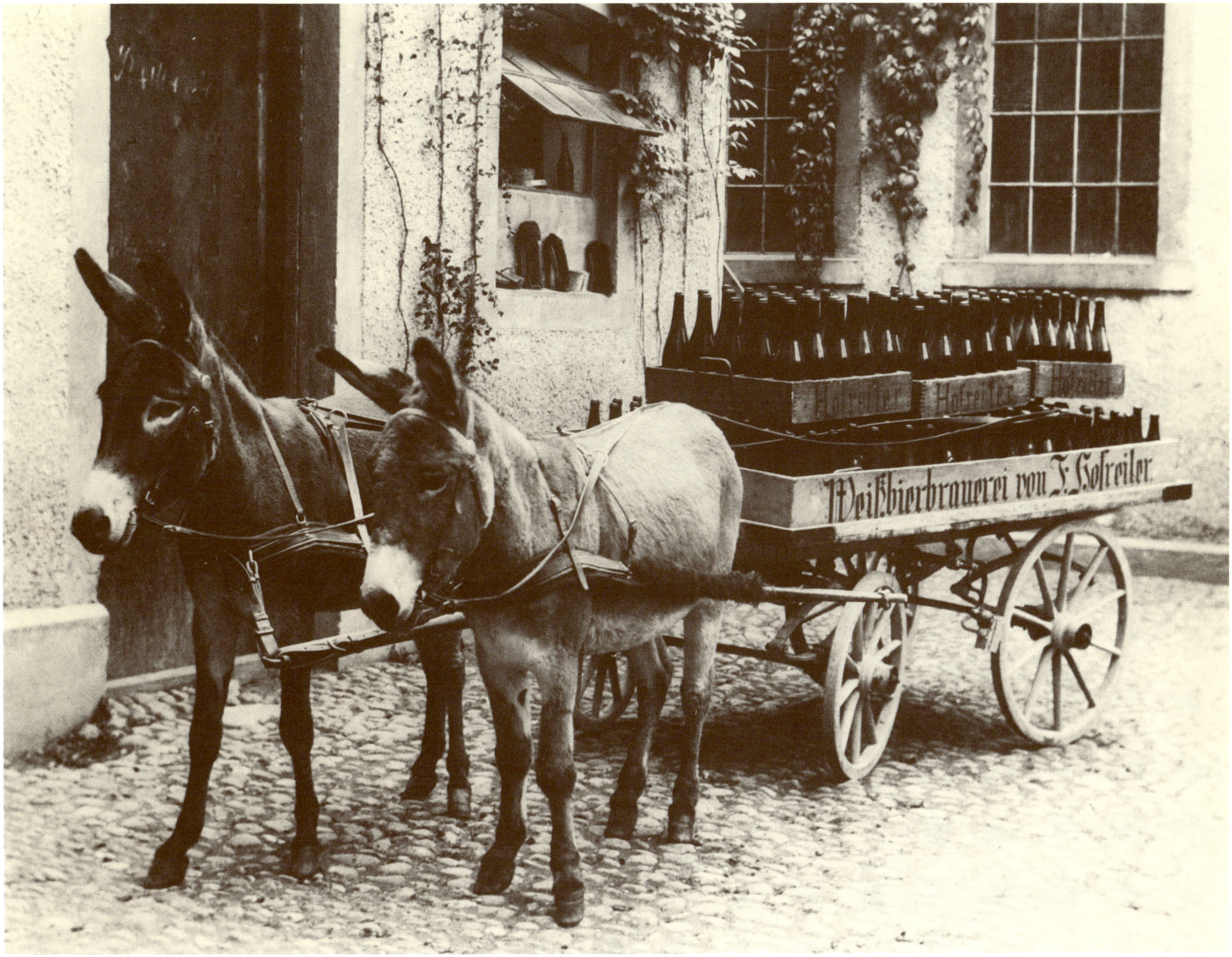
Hofreiter
Weißbierbrauerei von J. Hofreiter

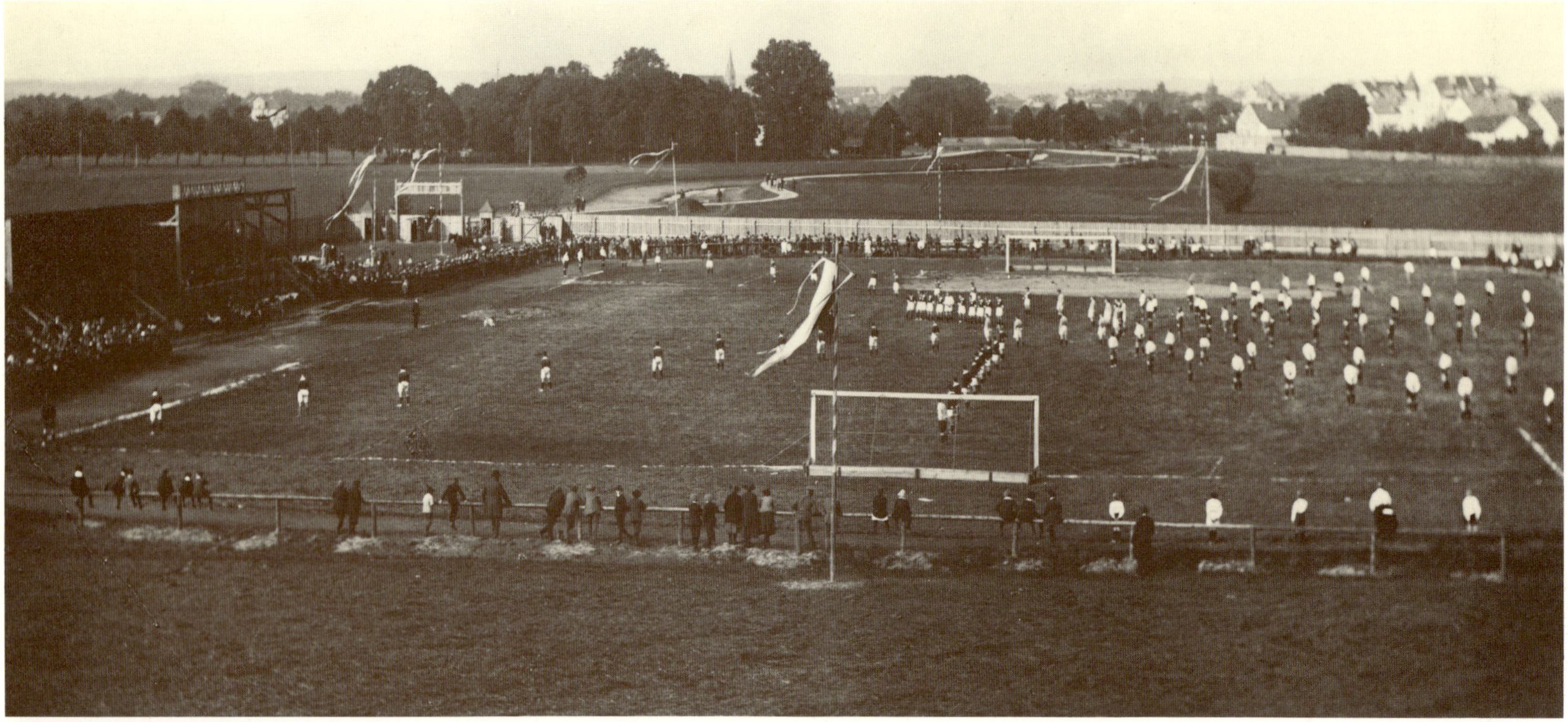

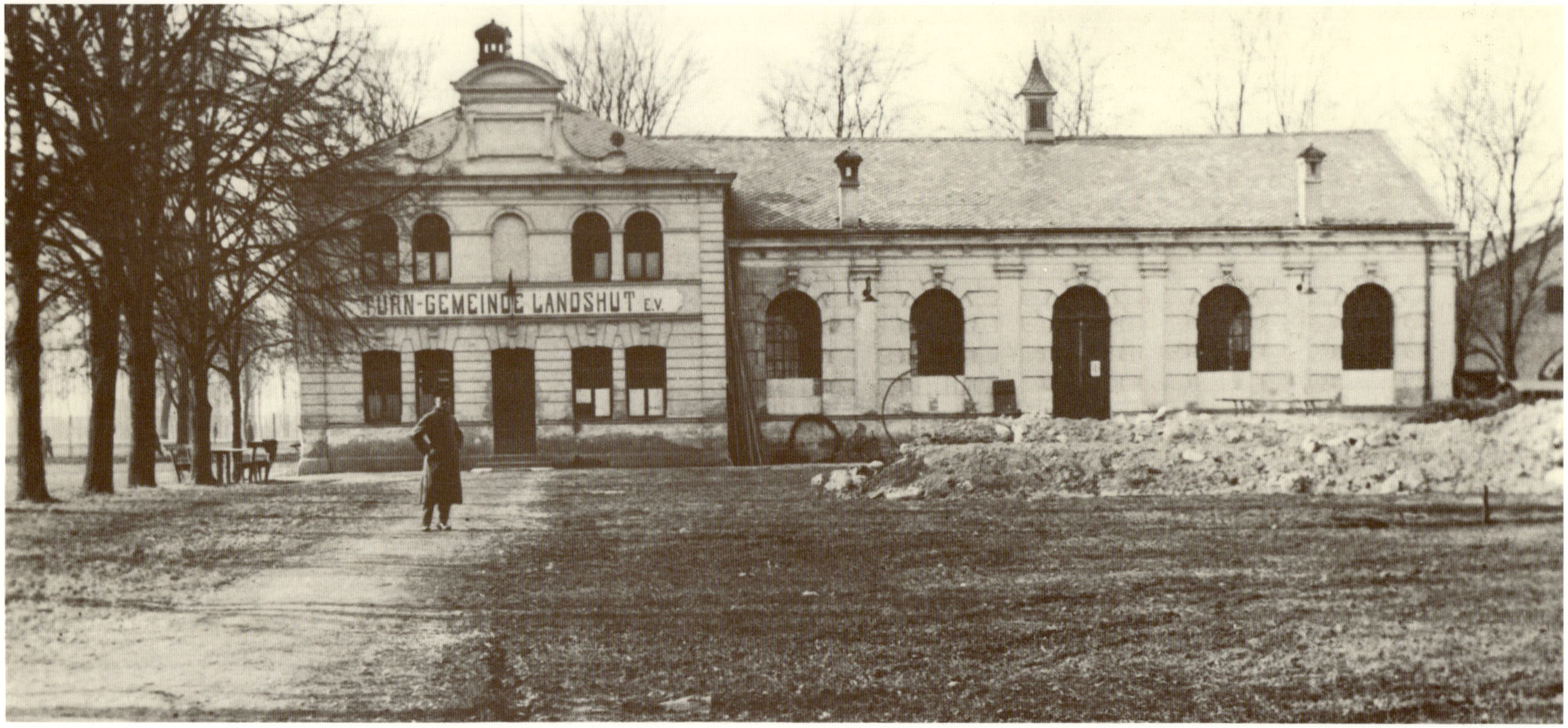
TURN-GEMEINDE LANDSHUT E.V.

Die Spielvereinigung Landshut wurde 1919 gegründet. Das Hammerbachstadion konnte am 10. September 1922 eingeweiht werden. Bis dahin mußte der Spielbetrieb in der Flutmulde abgewickelt werden.

1919 schlossen sich der Turnverein Landshut und der Männerturnverein Landshut zur Turngemeinde zusammen. Wir sehen hier die Turnhalle des Männerturnvereins mit der neuen Aufschrift „Turngemeinde Landshut" nach dem Zusammenschluß. Im Jahre 1928 wurde die neue Turnhalle neben der alten gebaut und eingeweiht.

Die Einweihung fand im November 1928 statt.
Die berühmte Herrenriege der Turngemeinde Landshut nach dem ersten Weltkrieg. Unter anderem ist auf dem Bild der Turnwart Karl Herzer sen. zu sehen, in der Mitte Frl. Schwarzfischer.

Die Damenfaustballmannschaft der
Turngemeinde.

Der Gymnastikkurs der Turngemeinde mit dem Tanzlehrer Peterhansl.

Der Birkenberg ist noch nicht bebaut.
Blick auf St. Martin und die Burg
Trausnitz.

Zwei Motorräder starten auf der Neuen Bergstraße zu einem Rennen. Die Straße ist noch sehr schmal und noch nicht befestigt. Bei den Motorrädern handelt es sich um 650 ccm Megola Maschinen, die der Ingenieur Fritz Lockerell in München baute.

Man sieht auf diesem Bild die Landshuter Max Ziegenaus und Herbert Hofmann, die mit ihrem Aga (Aktiengesellschaft für Automobile in Berlin) an Testfahrten teilnahmen und auch Autorennen fuhren. Das Kennzeichen für Landshut und Niederbayern war II C, das bis 1945 galt. Man erinnere sich, I A Berlin, II A München.

Dieser Oldtimer, der Steiger Sport, war in den Jahren nach dem 1. Weltkrieg ein immer sehr bestauntes Auto. In einer Anzeige des Jahres 1928 bietet die Landshuter Eisengießerei und Mühlenbauanstalt Jos. Häuser einen Essex Wagen mit 6 Zylindern für 5750,– RM an. Die Firma hatte außerdem die Vertretung von Stoewer, Ford und Krupp Lastwagen.

Ein Autocorso in der Altstadt.

95

Ein Bild, das nicht fehlen darf, Landshuter Honoratioren, wahrscheinlich 1893, bei der Maibowle.

In einer Anzeige des Jahres 1930 wirbt der Besitzer der Wampelmühle für das Amper Wellenbad Wampelmühle. Die Aufnahme zeigt die Wampelmühle in diesen Jahren. Außerdem gab es in der Stadt noch das Freibad und die Schwimmschule mit dem Damenbad, Herrenbad und einem Familienbad. Ein Ampernebenarm, der dann in den Hammerbach mündete, lieferte das Wasser für die Schwimmschule, das wesentlich wärmer war als das Isarwasser. Das Freibad, das am Hammerbach lag, hatte sowohl Isar- wie Amperwasser. Laut einer Verlautbarung von 1931 durfte das Familienbad der Schwimmschule nur mit Badeanzug, nicht allein mit Badehose von den männlichen Besuchern betreten werden.

97

Die kleine Isar mit dem alten Dampfbagger während des Baus des Elektrizitäts-Werkes am Ludwigswehr. Der Bau dieses Wasserkraftwerkes wurde 1920 begonnen. Das Bild zeigt die Mühleninsel mit der Vereinigten Kunstmühle und links den Zufluß in die kleine Isar durch das Werk der Kunstmühle. Auch andere Wasserrechte bestanden hier noch, so z.B. das des Sägewerkes Rauchensteiner.

Der Bau des Elektrizitätswerkes am Ludwigswehr ist in vollem Gang. Es wurden in diesem Werk vier Drehstrom- und vier Gleichstromgeneratoren in Betrieb genommen. Bereits im Jahre 1905 war auf Mitterwöhr das Dieselkraftwerk mit vier Dieselmotoren in Dienst gestellt worden. Die Pumpstation für das Wasserwerk hatte im Jahre 1887 ihre Arbeit aufgenommen, zuerst mit Dampfpumpen, die dann ab 1922 durch elektrische Pumpen ersetzt wurden, 1927 war der völlige elektrische Ausbau vollendet. Es lieferte 140 Liter pro Sekunde.

Die kleine Isar mit dem Kiesbagger, wie er bis zum Ende des zweiten Weltkrieges in Betrieb war. Laufend mußte der angeschwemmte Kies, um den Abfluß vor dem Elektrizitätswerk und vom Wehr her zu ermöglichen, abgebaggert werden. Im Hintergrund die Mühleninsel bzw. Hammerinsel mit den Bauten der Vereinigten Kunstmühle, dem größten Mühlenwerk Bayerns. Der große Bau mit dem Uhrturm war 1914 vollendet worden. In den 30er Jahren wurde ein neues Kraftwerk der Vereinigten Kunstmühlen und der Übergang über die Mühleninsel vom Hauptgebäude zu den Nebengebäuden gebaut. Alle diese Gebäude stehen nicht mehr. Die Mühleninsel wurde zum Sanierungsgebiet erklärt und die Gebäude abgerissen, die Vereinigten Kunstmühlen nach Ergolding verlegt.

Das fertige Elektrizitätswerk beim Ludwigswehr auf der Hammerinsel. Dieser Bau bestand bis 1980. Im Zuge der Sanierung der Mühleninsel wurde hier ein neues Elektrizitätswerk mit größerer Kapazität gebaut und bereits in Betrieb genommen.

Erster Lehrkurs der Vereinigten Fabrik landwirtschaftlicher Maschinen vormals Epple und Buxbaum. Die Aufnahme stammt aus dem Jahre 1912.

Das erste Landshuter Elektrizitätswerk, das Dieselkraftwerk auf Mitterwöhr, im Jahr 1905 in Betrieb genommen. In der Stadtchronik der Kriegsjahre wird von den Schwierigkeiten berichtet, die die Beschaffung des Schweröls für das Dieselkraftwerk machte. Der Bedarf an Strom war in dieser Zeit noch sehr gering.

Das Isargestade in Landshut gegen das Maxwehr. In der Isar sieht man die typischen Fischbehälter. Hier brachten die Fischer, die am Isargestade Geschäft und Wohnung hatten, ihre Fische unter. Diese waren so immer in frischem Wasser. Da diese Behälter noch heute in der Isar zu finden sind, ist anzunehmen, daß die Wasserqualität trotz Verschmutzung noch nicht so schlecht ist, daß die Fischer von diesen Behältern absehen müßten.

In den Jahren 1927 und 1928 wurde die innere Isarbrücke neu gebaut. Die Brücke trägt das Schild »Erbaut vom Bayerischen Staat, ausgeführt durch Heilmann & Littmann AG 1927/28«.

Zuerst war es nötig, ein Fundament zu bauen, um die alte Brücke flußabwärts verschieben zu können. Das Färber Köckhaus am Ende der Brücke gegen Hl. Geist zu, mußte vorher abgebrochen werden. Das erste Bild zeigt die Arbeiten für die Verschiebung der Brücke.

Die neue Brücke ist im Bau. Die Bauarbeiten gingen gut voran, auch wenn sie durch Hochwasser behindert wurden. Man sieht auch, daß die Straßenbahn über die alte Brücke weitergeführt wurde.

Die neue und alte Brücke. Der Bau der neuen Brücke ist soweit gediehen, daß der Fahrbahnbelag aufgebracht werden kann. Die Brücke wurde von 9 auf 15 m gegenüber der alten Brücke verbreitert.

Die alte und die neue Brücke flußabwärts gegen das Maxwehr gesehen. Man sieht die eingerüstete neue Brücke, dahinter noch die Eisenkonstruktion der alten Brücke.

Die neue Hl. Geistbrücke wurde ⅓ durch die Stadt finanziert, ⅔ übernahm der Freistaat Bayern. Stadtoberbaurat Heinz Simon plante den Bau eines Brückenkopfhäuschens, das an der Stelle gebaut wurde, wo früher das Färber Köckhaus stand. Es erhielt einen Laden und eine Bedürfnisanstalt. Die Räumlichkeiten bekam aber nicht, wie zuerst vorgesehen, der Ver-

kehrsverein, sie wurden an eine Gärtnerei vermietet, mit ein Grund, daß der Volksmund das Häuschen nach dem Oberbaurat benannte.
Seit Juni 1928 war ein Taucher beim Bau der Brücke beschäftigt. Er hatte die Aufgabe, 4–5 m unter Wasser die für die Bauarbeiten eingerammten Eisenträger abzuschweißen. Er konnte, wie erklärt wurde, bis zu einer Stunde unter Wasser bleiben. Der Taucher hatte fast 150 Eisenschienen unter Wasser abzutrennen.

Blick vom Rathaus in die untere Altstadt. Vor dem Rathaus steht noch das Denkmal König Maximilians II. Ein Wagen der Straßenbahn ist auf dem Bild zu sehen. Im Jahre 1929 wurden die Gemälde des Rathausprunksaales restauriert. Im Jahre 1928 war eine elektrische Beleuchtung im Rathausprunksaal eingerichtet worden.

Die Vorderfront der Stadtresidenz, des sogenannten Deutschen Baues, daneben die des Ziegler- und Pappenbergerhauses. Im Jahre 1930 wurde die offene Halle des Erdgeschoßes des italienischen Baus der Stadtresidenz mit einem erheblichen Kostenaufwand, 10.000 Reichsmark, instand gesetzt.

Die Herrngasse führt von der unteren Altstadt zum unteren Ende der Neustadt. Auf diesem Bild ist der Blick gegen die untere Neustadt und die Neustadtfront des Ursulinenklosters zu sehen.

In der unteren Altstadt sieht man einen Kehrichtwagen mit Pferdebespannung. Der Kehricht wurde von den Müllmännern mit Muskelkraft in die offenen Holzmüllkästen gekippt. Diese offenen Wagen waren bis zum Jahre 1936 in Betrieb. Ab diesem Jahr kamen zwei Patentrolltrommeln-Müllwagen zum Einsatz.

Auf dem Platz beim Eingang zur unteren Länd vor der Bayerischen Hypotheken- und Wechselbank in der unteren Altstadt wurde der Fischmarkt abgehalten. Der letzte Fischmarkt fand, nachdem dieser einige Jahre vorher aufgelassen worden war, nochmals 1940 statt. Durch das Hochwasser waren sehr viele Fische angefallen, die schnell verkauft werden mußten.

Der Kollerbräu und die Drogerie Remmel in der unteren Altstadt. Das Haus der Drogerie Remmel ist das einzige Haus in der Altstadt, das durch Kriegseinwirkung vollständig zerstört wurde. Der Verlust dieses für die Altstadt typischen Hauses mit dem schönen Giebel ist sehr zu beklagen. Beim Neubau fehlen diese typischen Merkmale.

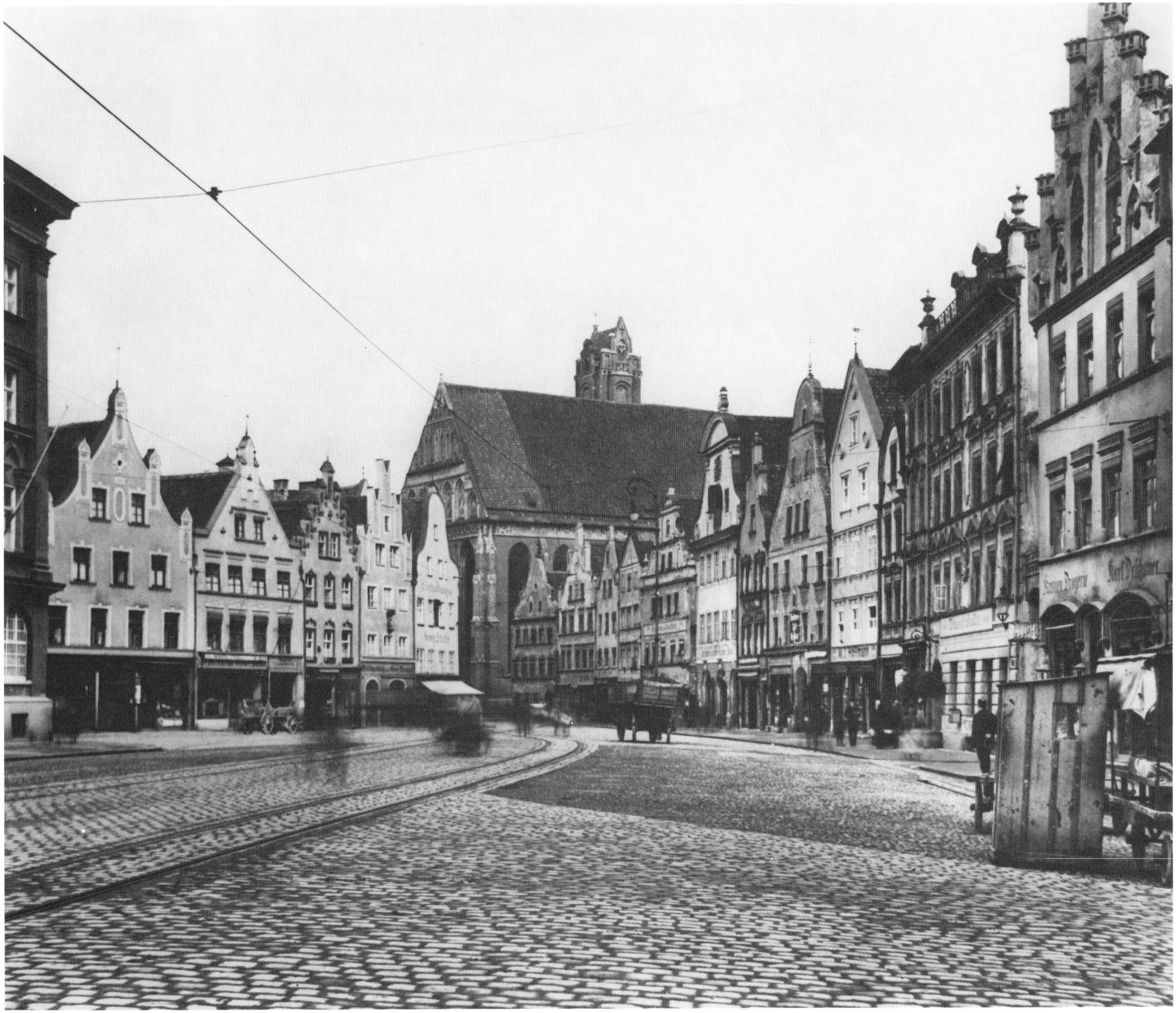

Der berühmte Gasthof Silbernagl in der Altstadt. Es ist eines der wenigen Altstadthäuser, die nicht mit der Giebel-, sondern mit der Dachseite zur Straße stehen. Die Fassade ist barockisiert. In der Mitte ein Medaillon mit Marienfigur und ein Engel mit Rüstung, darüber ein Baldachin. Das Haus hat seinen Namen von dem Bierbrauer Joseph Sielbernagl. Bis zum Umbau der Silbernaglpassage am Ende der 70er Jahre war der Hof typisch für ein Landshuter Gasthaus, in dem die Bauern ihre Pferde einstellten, wenn sie in die Stadt fuhren.

Das Grasbergerhaus Altstadt 300 in den 30er Jahren. Hier waren die Bögen des Grasbergerhauses zugemauert. Das Haus an der Ecke Altstadt/Steckengasse gelegen, diente während der Landshuter Hochzeit 1475 der Braut Hedwig von Polen als Wohnung. Als Erbauungszeit gibt ein Stein das Jahr 1453 an. Die prächtige Eingangshalle hat ein gotisches Gewölbe, die Treppe führt auch heute noch mit einem Podest in den ersten Stock. Die Mauer in den Bögen wurde in der ersten Hälfte der 30er Jahre wieder entfernt.

Der alte Heuwaagplatz mit den alten Stadeln. Der Heuwaagplatz ging in den Reitschulplatz über. Am Ende des Reitschulplatzes der Max II Kaserne zu, stand die alte Reitschule. Diese wurde 1929 für den Bau der Städtischen Werke abgebrochen. Über 100 Jahre hat die Halle als Ausbildungsstätte der Kürassiere und der Schweren Reiter gedient. Die Wände der Halle waren mit mächtigen Spiegeln versehen, so daß die Reiter ihre Künste und auch ihre Stürze im Spiegel sehen konnten. Nach dem Neubau des Verwaltungsgebäudes der Städtischen Werke wurde der gesamte Platz in Bischof Sailer Platz umbenannt. Der Neubau der Städtischen Werke war im November 1930 seiner Bestimmung übergeben worden.

Die obere Länd mit Blick zur Altstadt und zur Burg. Gegenüber auf der Altstadtseite die typischen Altstadthäuser, von denen eines zurücksteht. Es wird angenommen, daß hier in alter Zeit einmal ein Tor war, bevor sich die Stadt ausweitete und die Stadtmauer den Dreifaltigkeitsplatz mit einschloß.

Blick aus der Kirchgasse gegen den Chor von St. Martin. Man sieht auf diesem Blick den kühnen Bau der Kirche mit den Außenrippen, die die Last des Gewölbes tragen.

Der Blick vom Martinsfriedhof in die Kirchgasse, also der entgegengesetzte Blick zur gegenüberliegenden Seite.

Im Jahre 1930 erhielt die St. Martinskirche ein elektrisches Läutwerk, die Gebetsglocke wurde mit der Turmuhr gekoppelt, so daß das Läuten der Glocke durch die Uhr automatisch eingeschaltet wurde. Es gab Bewohner der Stadt, die glaubten hören zu können, daß der Ton der Glocken nicht mehr der gleiche war wie bei der bisherigen Methode des Läutens. Die Martinskirche hat sechs große Glocken, die Probstglocke mit 138 Zentner, unter ihr können 15 Mann stehen, der Klöppel allein wiegt 7 Zentner; die Dechants-Glocke hat 93 ½ Zentner, die Pfarrglocke 51 ½, die Rosenkranzglocke 30, die Gebetsglocke 20 und die kleine Meßglocke 15 Zentner.

122

Im Jahre 1921 fand die verschobene 100-Jahrfeier des 2. Bayerischen Schweren Reiterregiments, früher Kürassierregiments, das 1815 gegründet wurde, statt.
Kronprinz Rupprecht als Gast der Stadt. Dr. Josef Herterich begrüßt ihn.

Die Hatschiere waren die bayerische Leibgarde, die am bayerischen Königshof in der Residenz in München Dienst tat. In bayerischen Städten gab es aber Altherrenverbindungen, die sich ebenfalls Hatschiere, auch die Schreibweise Hartschiere ist möglich, nannten. Wir sehen hier die Landshuter Hatschiere in den 20er Jahren im Jesuitenhof der Ainmillerbrauerei. Eine ganze Reihe bekannter Persönlichkeiten dieser Zeit sind auf dem Bild zu sehen.

Gegenüber der technisierten Landwirtschaft von heute mutet dieses Bild des pflügenden Bauern, der eine Furche zieht – ein Ochse ist vorgespannt – noch sehr rückschrittlich, man kann auch sagen, beschaulich an. Die Aufnahme stammt vom Birkenberg zwischen den Kriegen und zeigt im Hintergrund die Stadt.

Die Gemeinde Achdorf wurde wie die Gemeinde Berg ob Landshut 1928 eingemeindet.

Frühere Verhandlungen waren gescheitert. Der offizielle Termin für die Eingemeindung ist der 1. April 1928. Auf diesem Bild ist die neue Achdorfer Kirche St. Margaret zu sehen. Die neue Kirche, statt der alten gotischen Pfarrkirche St. Margaret, wurde nach Entwürfen des Architekten Hauberrisser aus Regensburg in neubarocker Form gebaut und 1911 eingeweiht. Rechts im Hintergrund neben der Kirche ist der Bau des Distriktkrankenhauses Achdorf zu sehen, das 1906 eingeweiht wurde. Dieses Krankenhaus bildet den Grundstock des späteren Kreiskrankenhauses Achdorf, das bis zum 2. Weltkrieg und auch danach manche Umbauten erfahren hat, bis dann ein ganz neuer Bau neben dem alten, das nun das Landratsamt beherbergt, aufgeführt wurde.

Kröninger Hafner bei der Arbeit. Der Kröning, der berühmte Ton, ließ das Keramikhandwerk in Landshut und in der Umgebung zu der Bedeutung kommen, die es heute noch hat.

Die Goldinger Straße ist der Weg zum Klausenberg. Im Hintergrund sieht man die Seifenfabrik Alois Schmid.

Die Wegkapelle bei Löschenbrand, auch Kapelle am Totenweg, am ehemaligen Weiherbach gelegen. Sie wurde bei dem Luftangriff im März 1945 zerstört.

Altdorf bei Landshut. Im Hintergrund der Kirchturm der Altdorfer St. Nikolauskirche. Es ist ein spätgotischer Bau des 15. Jahrhunderts. Der Turm ist im Unterbau quadratisch, der Oberbau achteckig. Der spitze gotische Steinhelm ist typisch für diese Kirche.

Der Hang unterhalb der Kirche von Eugenbach, Schulausflug einer Gymnasialklasse, wahrscheinlich im Herbst 1913. Die Kirche ist ein stattlicher spätgotischer Bau, wohl um die Jahrhundertwende zwischen dem 15. und 16. Jahrhundert entstanden. Besonders bemerkenswert ist der Turm mit seinen fünf Geschoßen und den Spitzbogenblenden. Der Hang unterhalb der Kirche war zu diesem Zeitpunkt kaum bewachsen.
Inmitten der Schulklasse sitzt der Schüler Heinrich Himmler, der im Jahre 1913 mit seinen Eltern von München nach Landshut verzogen war und hier das Gymnasium besuchte (siehe auch Seite 147).

Außerhalb der Flutmulden im Norden der Stadt befand sich der kleine Exerzierplatz, auch als Spielgelände für die Jungen geeignet, die in den Neubaugebieten beim Bahnhof und der Stethaimerstraße sowie dem Harlanderviertel wohnten. Eine typische Aufnahme aus der Zeit zwischen den Kriegen. Ein Schäfer sorgt dafür, daß das Gras auf dem Exerzierplatz kurz ist. Im Hintergrund sieht man den Turm des neugebauten Schlachthofes.

Die Altstadt im Festschmuck. Es ist noch eine Aufnahme vor dem 1. Weltkrieg, als die ersten Aufführungen der Landshuter Hochzeit stattfanden. Die erste Aufführung der Landshuter Hochzeit fand 1903 anläßlich der Industrie- und Gewerbeausstellung statt. 1905 war die erste selbständige Aufführung des Festes der Landshuter Hochzeit. Bis 1914 folgten jährliche Aufführungen mit Ausnahme des Jahres 1909. Hierauf kam ein achtjährige Unterbrechung. 1922 war das erste Fest nach dem Krieg, 1923 bereits mußte es auf Grund der Inflation ausfallen. Von 1924 bis 1930 waren wiederum jährliche Aufführungen. In den Jahren 1931 bis 1933 fanden wegen der Wirtschaftskrise in Deutschland und des politischen Umbruchs keine Aufführungen statt. Die weiteren Aufführungen waren 1934, 1935, 1937 und 1938. Die Jahre 1936 und 1939 waren ohne Landshuter Hochzeit.

Bei der ersten Landshuter Hochzeit nach dem Kriege 1922 fand zum ersten Mal der Aufzug der herzoglichen Leibwache mit Appell vor Rathaus und Residenz statt. Diese Veranstaltung wurde bis lange nach dem 2. Weltkrieg beibehalten. Sie lockte schon am Vormittag viele Schaulustige an.

Die polnischen Edelleute zu Pferde
bei einer der ersten Aufführungen der
Landshuter Hochzeit.

Zwei berühmte Figuren der Landshuter Hochzeit. In der Mitte Georg Tippel, einer der Väter des Festes als Armbrustschütze. Links der Hafnermeister Franz Reiter in eiserner Rüstung.

Auf dem Lagerplatz ging es nicht ganz stilgerecht zu. Die herzogliche Leibgarde in ihren Kostümen der damaligen Zeit. Auf der Festwiese stehen nur Brauereistühle und -tische für die Mitwirkenden zur Verfügung.

Die Armbrustschützengruppe der Landshuter Hochzeit. Im Hintergrund die Burg Trausnitz, eine der schönen, wenn auch typischen Aufnahmen der ersten Jahre der Landshuter Hochzeit.

Josef Linnbrunner als Obrist der herzoglichen Leibwache im Wehrgang der Burg Trausnitz. Er war eine der markantesten Persönlichkeiten der Landshuter Hochzeit als Graf von Linprunn, Herr auf Elisenburg, der der herzoglichen Leibwache zu Pferde voranritt.

Die Türkengruppe, die heute in dieser Aufmachung bei der Landshuter Hochzeit fehlt. Die berittenen Kostümierten im Hof der Landshuter Kaserne.

139

Der Zug der Landsknechte durch das Ländtor, eine Aufnahme aus dem Jahre 1935. Im Hintergrund ist eine Hakenkreuzfahne zu sehen. Für die Landshuter völlig unverständlich war, daß bei dem als gauwichtigem Heimatspiel eingestuftem Fest Hakenkreuzfahnen als Beflaggung genommen werden sollten. Das erste Fest nach dem 2. Weltkrieg fand nach 12-jähriger Pause wieder 1950 statt. Typisch für diese Aufführungen der Landshuter Hochzeit bis 1938 war nach dem Festzug und nach dem Turnier auf der Ringelstecherwiese das Altstadtleben in der Altstadt. Vor den vielen Gasthäusern wurden in Windeseile nach dem Festzug Brauereitische und -stühle sowie Bänke aufgestellt und Einheimische wie Besucher bevölkerten die ganze Altstadt. Tribünen gab es zu dieser Zeit noch nicht, so daß die Altstadt für dieses Altstadttreiben zur Verfügung stand.

Eine der typischen Figuren der Landshuter Hochzeit bis nach dem 2. Weltkrieg war der Ratsschreiber Stopparius, der auch im Festspiel eine gewichtige Rolle spielte. Hier, wahrscheinlich eine Aufnahme von 1926 mit Karl Stadler als Stopparius, dem Spielleiter und Verfasser des Festspiels.

Eine Luftaufnahme des Maxwehres mit Gerlmühle. Es ist hier deutlich die alte Floßgasse zu sehen, die es den Flößen erlaubte über Landshut hinaus die Isar hinab bis in die Donau nach Passau und Wien zu fahren.

Links das Isargestade. Das Gasthaus zur Schleuse wurde 1911 durch die Firma Harlander neu gebaut. Auf der Seite des Orbankais oberhalb des Maxwehres der Hl. Geistkirche zu, befand sich das Gebäude der Bayerischen Elektrizitätswerke. 1930 kam der Beschluß, den Fabrikbetrieb in Landshut stillzulegen. 1931 wurde das Gebäude niedergelegt, ein typischer Bau am Maxwehr verschwand, nur die Rochuskapelle im Hof blieb stehen.

Eine Aufnahme des 1906 eingeweihten neuen Schlachthofes an der Stethaimerstraße mit dem typischen Turm. Man sieht auf diesem Bild die großzügige Anlage der Gebäude. Bis zur Einweihung des Schlachthofes befand sich das Landshuter Schlachthaus in der Ländgasse. Die Stethaimerstraße war damals neu angelegt und wurde zum großen Teil erst nach dem 1. Weltkrieg bebaut.

Trotz der Flutmuldenbauten wurde Landshut 1940 im Mai durch ein großes Hochwasser heimgesucht. Die ganzen Stadtteile außerhalb der kleinen Isar, also Papiererstraße, Johannisstraße, Stethaimerstraße bis zum Bahnhof, waren überflutet. Auf den Bildern sieht man links das Hochwasser in der oberen Wöhrstraße bei der kleinen Flutmulde. Rechts ist die Papiererstraße zu sehen. Der Verkehr konnte nur noch durch Kähne, Ruderboote oder durch Pferdefuhrwerke, die durch das fast ein Meter tiefe Wasser fahren mußten, aufrecht erhalten werden. Die Einwohner waren über 2 Tage in ihren Häusern eingesperrt. Durch das Hochwasser 1940 stürzten an der äußeren Isarbrücke das Haus Gaderhuber und das Auflegerhaus zusammen. Man sieht auf diesem Bild die eingestürzten Häuser. Auch sonst gab es erhebliche Schäden in der Stadt.

Ein Bild aus der frühen NS-Zeit von Landshut: Die Teilnehmer am Putsch des 9. November 1923 aus Landshut, die in den Tagen danach verhaftet wurden. Sie waren mit Gregor Strasser als eine der wenigen auswärtigen Einheiten nach München gekommen.

Der spätere Gauleiter Wagner spricht im Heißgarten, dem üblichen Versammlungsort der politischen Parteien neben der Jägerhalle.

Landshut ist in der Frühzeit der NSDAP mit einem Namen besonders verbunden: Gregor Strasser. Ein zweiter Name taucht ebenfalls auf. Es ist dies der Heinrich Himmlers, der als Gymnasiast 1913 nach Landshut kam. Sein Vater war als Konrektor an das hiesige Gymnasium berufen worden. Er hatte in München als Erzieher den Prinzen Heinrich, einen Wittelsbacher unterrichtet, der die Patenschaft des Sohnes Heinrich übernahm. Der

Prinz fiel im 1. Weltkrieg. Heinrich Himmler wurde am 7. 10. 1900 in München geboren. Zu Ende des Weltkrieges wurde er noch eingezogen. Die Familie selbst lebte bis 1919 in Landshut, bis der Vater Rektor in Ingolstadt wurde. Auf dem Bild auf Seite 130 ist der Ausflug einer Schulklasse nach Eugenbach zu sehen. In der Mitte kann man deutlich den Schüler Heinrich Himmler erkennen.

Gregor Strasser ist in Geisenfeld bei Pfaffenhofen an der Ilm am 31. Mai 1892 geboren worden. Er machte den 1. Weltkrieg an der Westfront mit. 1918 wurde er als Oberleutnant mit dem EK I und dem bayerischen Militärverdienstorden entlassen. Er schloß nach dem Krieg sein Studium der Pharmazie ab und übernahm Anfang 1920 eine Medizinaldrogerie in Landshut. Strasser hatte damit im Gegensatz zu den meisten anderen führenden Mitgliedern der späteren NSDAP eine akademische Ausbildung und war durch seinen Beruf auch wirtschaftlich unabhängig. In Landshut und Umgebung gründete er ein Sturmbataillon Niederbayern, später Sturmbataillon Landshut genannt. Er schloß sich mit dem Kern dieses Sturmbataillons der Hitlerbewegung an und nahm damit auch am Putsch des 9. November 1923 teil. Er floh nicht wie die anderen Anführer, Hitler eingeschlossen, sondern blieb bei seinen Leuten und führte sie in voller Ordnung nach Landshut zurück. Wie andere Teilnehmer an diesem Putsch wurde auch er verhaftet. 1924 kandidierte er auf der Liste des Völkischen Blocks für den bayerischen Landtag, in den er gewählt wurde. Er wurde Vorsitzender der Fraktion des Völkischen Blocks, der zweitstärksten Fraktion des bayerischen Landtags in diesem Jahr. Den Sitz im Bayerischen Landtag gab er auf, als Ende 1924 seine Wahl in den Reichstag erfolgte. Bei der Neugründung der NSDAP 1925 war er nicht anwesend. Er soll aber mit Hitler eine Vereinbarung getroffen haben, daß er für Nord- und Westdeutschland zuständig sei. Bis 1932 war er in führenden Positionen in der Partei tätig, vor allen Dingen in der Organisation und in der Propaganda und als Redner auf vielen Veranstaltungen. Im September 1929 sprach er z. B. in der Jägerhalle in Landshut gegen den Young-Plan.

Goebbels war sein Mitarbeiter, desgleichen auch Himmler. 1932 legte er nach Differenzen mit Hitler seine sämtlichen Parteiämter nieder und versprach Hitler, sich nicht mehr politisch zu betätigen, was er auch streng einhielt. Erst nach längerem Bemühen konnte er eine Stelle in einer pharmazeutisch-chemischen Fabrik in Berlin annehmen. Beim sogenannten Röhmputsch 1934 wurde er am 30. Juni aus seiner Berliner Wohnung geholt und von der SS erschossen. Anscheinend durch den Schutz Himmlers unterwarf man seine Familie nicht der Sippenhaft. Die Frau Gregor Strassers und seine beiden Söhne bekamen eine Rente. Beide Söhne sind als Offiziere im 2. Weltkrieg gefallen.

147

Hitler war des öfteren in Landshut, das erstemal wohl mit Ludendorff bereits im Jahre 1920 zu einem Gespräch mit Gregor Strasser. Bei den frühen Reden Hitlers werden in den Jahren 21 bis 23 Auftritte Hitlers in Landshut erwähnt, so z. B. unter dem Datum 21. März 1921 und 5. Mai 1922. Auch nach der Entlassung aus der Festungshaft in Landsberg 1925 kam er in die Stadt.

Diese Aufnahme zeigt Hitler bei einer Rede in der Jägerhalle im Jahre 1935.

Hitler war am 7. Dezember 1935 in Landshut. Es wurde das 15jährige Bestehen der Ortsgruppe der Partei gefeiert. Neben der Rede in der Jägerhalle war ein Empfang im Rathausprunksaal. Von Oberbürgermeister Karl Vielweib wurde ihm die Ehrenbürgerurkunde überreicht. Vielweib war 1933 Oberbürgermeister geworden, Oberbürgermeister Dr. Josef Herterich wurde bei der Machtübernahme abgelöst. Vielweib hatte als Führer der nationalsozialistischen Rathausfraktion und Stadtrat schon Jahre vorher dem Stadtrat angehört. Seine Berufsbezeichnung bei den Wahlen vor 1933 war kaufmännischer Angestellter.

Eine Aufnahme aus dem Jahre 1944 zeigt den Landshuter Hauptbahnhof mit seinen Gleisanlagen, von der Überführung zur Oberndorfer Straße aus gesehen. Bahnhof und Gleisanlagen waren sehr großzügig geplant und für einen weiteren Zuwachs des Verkehrs berechnet, der allerdings nicht in diesem Umfang eintrat. Die fünf Bahnlinien, die vom Landshuter Bahnhof ausgehen, waren mit der Eröffnung der Eisenbahnlinie Landshut/Rottenburg im Jahre 1900 fertig ausgebaut, eine geplante Bahnlinie Erding/Wartenberg/Landshut, die noch im Gespräch war, wurde nicht mehr realisiert. In den 30er Jahren erfolgte die Elektrifizierung der Eisenbahnlinie München/Landshut und Landshut/Regensburg.

Bereits im Jahre 1880 wurde der Hauptbahnhof als Durchgangsbahnhof statt des alten Sackbahnhofes an der Regensburger Straße erbaut. Sowohl diese Bilder wie auch der alte Stadtplan aus diesen Jahren zeigen den großzügigen Ausbau des Gebäudes und des ganzen Bahnhofgeländes. Im Jahre 1931 war die Achdorfer Eisenbahnbrücke der 1883 eröffneten Bahnlinie Landshut/Neumarkt-St. Veit für eine höhere Tragfähigkeit mit einer neuen Eisenkonstruktion versehen worden. Die alte Konstruktion muß ebenfalls aus Eisen gewesen sein, die Angaben, daß es sich hier um eine Brücke in Holzkonstruktion gehandelt hat, dürften nicht stimmen.

Der zerstörte Hauptbahnhof und das zerstörte Bahnhofsgelände nach dem Bombenangriff am Josephitag, dem 19. März des Jahres 1945. Das ganze Ausmaß der Zerstörung kann man sich aufgrund der beiden Bilder dieser beiden Seiten vorstellen. Die Senkrechtluftaufnahme der Amerikaner auf der folgenden Seite gibt ein deutliches Bild des Ausmaßes der Bombardierung. Man kann sagen, daß kein Stein auf dem anderen geblieben ist und der Bahnhof mit den gesamten Bahnanlagen völlig zerstört waren. Dabei wurde auch das ganze umliegende Gebiet in Mitleidenschaft gezogen. So wurde das Straßenbahndepot, das Hotel Deutscher Kaiser und viele andere Häuser mit zerstört. Bomben fielen bis in die Nikolastraße, die Stethaimerstraße und bis Löschenbrand.

Das Franziskanerkloster am Marienplatz wurde zerstört. Auf dem kleinen Exerzierplatz, wo sich Gebäude einer kriegswichtigen Einrichtung befanden, fielen gleichfalls Bomben. Bei einer Bombardierung am 29. April 1945 wurden Häuser in der Altstadt und in der Neustadt zerstört, z. B. das Haus der Drogerie Remmel, in der Neustadt die Häuser des Schmiedes Heller, das Gasthaus Freischütz, das Apfelbeck- und das Stuckenbergerhaus. Sämtliche Brücken sind in den letzten Kriegstagen Sprengungen zum Opfer gefallen, die Achdorfer Eisenbahnbrücke lag in Trümmern auf der Münchner Straße. Ein Glück für die Stadt war, daß die beiden Wehre mit Ausnahme des abgenommenen Belages unbeschädigt blieben. Am 1. Mai 1945 wurde die weiße Fahne gehißt.

Luftaufnahme vom 20. März 1945 über die am Tag vorher erfolgte Bombardierung.

Die Stadt zwischen den Kriegen

Landshut hatte 1910 25 137 Einwohner, bis 1932 war die Zahl auf 32 942 gestiegen. Bis 1945 veränderte sie sich kaum mehr. In der Zeit der Wirtschaftskrise bezog fast jeder 7. Einwohner laufend Unterstützung, jeder 1,4. ist Hauptunterstützungsempfänger. Er erhielt bar monatlich 34,25 RM, auf die einzelne Person umgerechnet ergab das für diese 14,55 RM. Der Ortslohn betrug 4,- RM täglich, für Frauen 3,30 RM. Im November 1931 wurde im Kolpinghaus eine Volksküche eröffnet, ein Essen kostete 30 Pfenning. Landshut hatte in dieser Zeit um die 5000 Arbeitslose.

Zwei Großfeuer sind zu erwähnen. In der Keksfabrik gab es 1929 bei einem Brand einen Großeinsatz der Feuerwehr, die Landshuter Keks- und Schokoladenfabrik AG konnte aber bereits 1930 die darauf neuerstandenen Komplexe ihrer Bestimmung übergeben. 1933 fiel die Barockorgel der Jesuitenkirche einem Feuer zum Opfer.

Die Stadt war auch zwischen den Kriegen Garnisonsstadt, zu Zeiten der Reichswehr lag hier das 19. Infanterie Ausbildungs Bataillon. Das Landshuter Hausregiment wurden aber die 62er, das 62. Infanterie Regiment, das ab 1935 in der Stadt war und in den neugebauten Kasernenanlagen bei Schönbrunn, der Schoch Kaserne, untergebracht wurde. Die 43. Artillerie Abteilung gehörte ebenfalls noch zur Landshuter Garnison.

Die große Leinberger- und Stethaimer-Ausstellung

1931 konnte man der 400. Wiederkehr des Todestages von Hans Leinberger gedenken. Im Jahre 1932 gab es in Landshut zum 500-jährigen Jubiläum der St. Martinskirche eine Hans Leinberger- und Hans Stethaimer-Ausstellung. Die Ausstellung fand in der herzoglichen Stadtresidenz vom 25. Juni bis 25. Juli 1932 statt.

1432 war das Todesjahr Hans Stethaimers von Burghausen, des größten Meisters des bayerischen spätgotischen Kirchenbaues. 1432 war auch das Langhaus und Hauptportal der Kirche St. Martin vollendet. Der kritische Katalog der Ausstellung mit 16 Abbildungen war verfaßt von Hans Buchheit und Georg Lill. Den Teil Stethaimer im Katalog hatte Anton Eckardt bearbeitet. Es wurden insgesamt 178 Ausstellungsgegenstände gezeigt. Das mit Nr. 179 versehene Ausstellungsstück war statt der Nummer 11 aus Versehen von Berlin zur Ausstellung gesandt worden. Die Werke gliederten sich in eigenständige Werke Hans Leinbergers, die ihm ohne Zweifel zugeschrieben werden konnten: Werke aus der Werkstatt Hans Leinbergers, aus dem Schulkreis von Hans Leinberger, aus Meistern unter Leinbergers Einfluß und aus anderen selbständigen Meistern der Zeit. Dazu kamen die Darstellungen der Bauten von Hans Stethaimer. Hier waren aufgeführt: Straubing, Karmeliterkirche - Landshut, St. Martin - Landshut, Hl. Geist - Salzburg,

Franziskanerkirche – Neuötting, St. Nikolaus – Wasserburg, St. Jakob, – Straubing, St. Jakob – Pischelsdorf (Oberösterreich), Mariä Himmelfahrt. Georg Dehio hat das zu Stethaimer gesagt, was immer Gültigkeit haben wird: »In Backstein ausgeführt, hat er alle Schwere der Erscheinung, die bis dahin mit diesem Bau verbunden zu sein pflegte, ins Gegenteil verkehrt«.

Das Kollegiatstift St. Kastulus und St. Martin.

In der Kastuluskapelle in St. Martin befinden sich in einem Metallschrein, neugotisch des 19. Jahrhunderts, die Reliquien des Hl. Kastulus. Sie wurden von Moosburg nach Landshut überführt, als das Kollegiatstift von dort nach St. Martin verlegt wurde. Dies geschah im Jahre 1604. Der ursprüngliche Kastulusschrein ist den Plünderungen des 30jährigen Krieges zum Opfer gefallen. Bei der Säkularisation 1803 hat man das Kollegiatstift aufgehoben. Mit Dekret vom 19. Juni 1937 wurde das Kollegiatstift zu den Hl. Martinus und Kastulus durch Papst Pius XI. wiedererrichtet und durch die päpstliche Bulle vom gleichen Jahr der seinerzeitige Pfarrer Albert Graf von Preysing zum Infulierten Stiftspropst ernannt. Interessant ist noch eine Nachricht des Jahres 1928, daß Michael Kardinal Faulhaber, der Erzbischof von München und Freising, in diesem Jahr einen Teil der Reliquien, einige kleine Partikel des Hl. Kastulus nach Moosburg zurückgegeben hat, da die Moosburger nach wie vor mit der Verbringung des Kastulusschreins nach Landshut nicht einverstanden waren. Die Hauptreliquien verblieben jedoch in St. Martin in Landshut.

Literaturhinweis

Es wird auf das Literaturverzeichnis des Bandes »Das alte Landshut 1860 bis 1914« verwiesen, auch auf die Bemerkung auf Seite 8 dieses Buches.

Zur frühen NS-Zeit, Heinrich Himmler und Gregor Straßer siehe
Bradley F. Smith, Heinrich Himmler 1900–1926, München 1979
Udo Kissenkoetter, Gregor Straßer und die NSDAP, Stuttgart 1978
Otto Strasser, Hitler und ich, Berlin 1948

Bildverzeichnis

Die Altstadt im Festschmuck	1
Parademarsch vor dem Rathaus	3
Blick vom Hofberg auf die Stadt	9
Der historische Blick von der Mühleninsel auf die Stadt	10
Der mächtige Bau der St. Martinskirche überragt die alte Stadt	11
Der Ländtorplatz mit Röcklturm und Isarpromenade	12
Kirche Hl. Geist mit Spital, Isarufer mit Stöckl Fischerhaus	12
Das Ludwigswehr mit Ländtor, Martinskirche und der Burg Trausnitz	13
Theaterstraße mit Kohlndorferhaus	14
Das Ländtor mit Maschinenfabrik Wahl & Co.	15
Der Laden Alois Kohlndorfer nach dem Umbau 1903	16
Das Spezereiwarengeschäft Alois Kohlndorfer	17
Das Kaufhaus Tietz am Eingang der Theaterstraße	18
Die Theaterstraße vom Ländtor aus mit der Buchhandlung Krüll	19
Der Dreifaltigkeitsplatz mit Blick in die Altstadt	20
Die untere Altstadt vom Rathaus aus gesehen	21
Burghausertor mit Firmerkeller	22
Das alte Burghausertor mit den Fresken	23
Das alte Schulhaus am Hofberg	24
Haus am Graben	25
Burg Trausnitz, Zimmer der Herzogin	26
Burg Trausnitz Innenhof	27
Blick vom Annaberg auf Ottonianum, Burg und Martinskirche	28
Die Burg Trausnitz von der Turngemeinde aus	29
Die Kirche Hl. Blut in Berg ob Landshut	30
Frauen beim Kirchgang am Weg zur Pfarrkirche Hl. Blut	31
Ein Ausflug zum Klausenberg mit der Stadt im Hintergrund	32
Zehn Jahre RAV 1903	33
Märzen-Bierzelt beim Turnfest 1901	34
Turnfest in Landshut 1901	35
Gastwirtschaft Haindlgarten an der Nikolastraße	36
Eine Gartengesellschaft mit Grammophon	37
Festgesellschaft der Turngemeinde (zwei Aufnahmen)	38
Ausflug des Radfahrerclubs National Landshut	39
Der Anfang der Seligenthalerstraße mit Hauptzollamt	40
Das Hotel Kaiserhof mit Protestantischer Kirche	40
Die Brasiltabakfabrik Kissenberth & Straub	40
Die Nikolakirche und der Wittelsbacher Hof	40
Das Hotel Dräxlmair in der Altstadt	41
Kloster Seligenthal, Abbruch des Stadels	42
Die Afrakapelle des Klosters Seligenthal	43
Die Seligenthalerstraße mit Kloster	44
Die äußere Isarbrücke am Bismarckplatz	45
Der Arkadenhof im Kaufmannhaus Altstadt 299	46
Der Hof des Pappenbergerhauses	47
Der Chor der Ursulinenkirche im Innenhof des Klosters	48
Die Neustadtfront des Ursulinenklosters	49
Der Hof des Ursulinenklosters mit Turnplatz	50
Der Mittelbau des Klosters mit Klostergarten	51

Das Oberpaurhaus Ecke Altstadt/Rosengasse	52
Häuser in der mittleren Altstadt mit Bögen	53
Die Neustadt mit Jesuitenkirche und Kriegerdenkmal	54
Blick in die Altstadt von der Hl. Geistkirche aus	55
Das Hotel Kronprinz mit Ehrenposten und Schilderhaus	56
Parade anläßlich des Geburtstages König Ludwig III.	57
Parademarsch vor dem Rathaus zur 100-Jahrfeier des 4. Jägerbataillons	58
Kriegsausbruch 1914: Ausmarsch der Truppen über die Freyung	59
Ein abgestürztes Flugzeug an der Flutmuldenbrücke 1915	60
Lieb Vaterland kannst ruhig sein 1915	61
Gefangene Franzosen in Landshut auf der Trausnitz	62
Das französische Hospital in Landshut 1915	63
Glockenabschied St. Nikola 1917	64
Anstehen für Petroleum in der Neustadt	65
Einweihung des RAV Kriegerdenkmals im Hofgarten	66
Die Neustadt 1928 bei der Einweihung des Kriegerdenkmals	67
Die Leinberger Madonna in St. Martin	68
St. Martin Innenraum	68
Der Hochaltar von St. Martin mit den Seitenflügeln	69
Feierliche Prozession anläßlich der 500-Jahrfeier von St. Martin 1932	70
Die Fronleichnams-Prozession in der Neustadt	71
Der Westgiebel der Hl. Geistkirche	72
Hl. Geist mit der neugotischen Ausstattung	73
Die Freyung mit St. Jodok und Marienstatue	74
Untere Freyung mit Jodokskirche und Asyl	75
Der bemalte Innenraum der Jodokskirche	76
Die Kirche St. Nikola mit den neugotischen Altären	77
Lebhafter Verkehr in der Altstadt	78
Das dreigiebelige Haus der Brauerei Ainmiller	79
Das Ländtor mit dem Landshuter Stadtwappen	80
Das Ländtor mit dem Eingang zum Heißgarten	81
Blick in die Theaterstraße vom Ländtor aus	82
Innenhof des Hauses Nr. 13 am Dreifaltigkeitsplatz	83
Der Röcklturm am Isarufer	84
Das Harnischhaus in der Länd	85
Der Innenhof des Gasthauses zur Post, Gasthof Tippel	86
Das Eselsgespann der Weißbierbrauerei von F. Hofreiter	87
Die Eröffnung des Hammerbach-Stadions 1922	88
Die alte Turnhalle der Turngemeinde Landshut	88
Die Herrenriege der Turngemeinde Landshut	89
Die Faustballmannschaft der Turngemeinde	90
Die Damen des Gymnastikkurses der Turngemeinde	91
Blick vom Birkenberg gegen die Stadt	92
Motorradrennen auf der Neuen Bergstraße	93
Zwei Oldtimer aus der Frühzeit des Landshuter Motorsports (zwei Aufnahmen)	94

Autocorso in der Altstadt	95
Landshuter Honoratioren bei der Maibowle	96
Das Bad in der Wampelmühle	97
Der alte Dampfbagger in der kleinen Isar	98
Das Elektrizitätswerk am Ludwigswehr im Bau	99
Der Kiesbagger vor der Hammerinsel	100
Das fertige Elektrizitätswerk auf der Hammerinsel	101
Maschinenkurs in Landshut	102
Das Dieselkraftwerk auf Mitterwöhr	103
Das Isargestade mit den Fischbehältern der Fischer in der Isar	104
Neubau der inneren Isarbrücke	105
Die alte Brücke ist zur Seite verschoben	106
Der neue Belag der Brücke ist bereits gelegt	107
Die neue und die alte Brücke gegen das Maxwehr	108
Der beim Bau der Brücke eingesetzte Taucher	109
Die untere Altstadt mit Denkmal König Max II. und Straßenbahn	110
Die Altstadtfront der Stadtresidenz, des Ziegler- und Pappenbergerhauses	111
Die Herrngasse gegen Ursulinen	112
Ein alter Müllwagen in der unteren Altstadt	113
Fischmarkt am Eingang zur Länd bei der Hypothekenbank	114
Die untere Altstadt mit Kollerbräu und Drogerie Remmel	115
Das Gasthaus Silbernagl in der Altstadt	116
Das Grasbergerhaus mit den zugemauerten Bögen	117
Der alte Bischof Sailer Platz, damals noch Heuwaagplatz	118
Die Obere Länd gegen Altstadt und Burg	119
Die Kirchgasse mit dem Chor von St. Martin	120
Die Kirchgasse vom Martinsfriedhof aus	121
100-Jahrfeier der Schweren Reiter 1921, Ausritt aus der Kaserne	122
Kronprinz Rupprecht zu Besuch in Landshut	122
Kronprinz Rupprecht wird von Oberbürgermeister Dr. Herterich begrüßt	122
Kürassiere im Innenhof der Max II Kaserne mit Raupenhelm	122
Die Landshuter Hatschiere im Jesuitenhof	123
Pflügender Bauer am Birkenberg bei Landshut	124
Achdorf mit Kirche und Kreiskrankenhaus	125
Kröninger Hafner	126
Die Straße zum Klausenberg bei Landshut	127
Die Kapelle bei Löschenbrand	128
Altdorf bei Landshut	129
Ein Schulausflug nach Eugenbach	130
Eine Schafherde auf dem kleinen Exerzierplatz	131
Die festlich geschmückte Altstadt zur Landshuter Hochzeit	132
Der Appell der herzoglichen Leibwache vor der Residenz	133
Die polnischen Edelleute zu Pferd	134
Georg Tippel und Franz Reiter im Kostüm der Landshuter Hochzeit	135
Lagerleben mit der herzoglichen Leibwache	136
Die Armbrustschützen	137
Der Obrist der Leibwache	138
Die Türkengruppe zu Pferd	139

Der Zug der Landsknechte durch das Ländtor	140	Gregor Strasser	147
Ratschreiber Stopparius mit Gesinde	141	Hitler spricht in der Jägerhalle	148
Das Maxwehr mit der Gerlmühle	142	Hitler und Oberbürgermeister Vielweib im Rathaus-Prunksaal	149
Der Schlachthof an der Stethaimerstraße	143	Der Landshuter Bahnhof mit den Gleisanlagen 1944	150
Hochwasser 1940, die Obere Wöhrstraße	144	Das Gebäude des Hauptbahnhofs Landshut	151
Hochwasser 1940, die überschwemmte Papiererstraße	144	Der zerstörte Bahnhof nach dem Luftangriff 1945	152
Die eingestürzten Häuser an der äußeren Isarbrücke	145	Zerstörte Lokomotiven und Wägen auf dem Landshuter Bahnhof	153
9. November 1923, Sturmbataillon Landshut	146	Luftbild nach dem Bombenangriff am 19. März 1945	154
Wahlversammlung im Heißgarten	146		

Mit 161 Photos im Zweifarbendruck

Die Photos dieses Bandes stammen von vielen privaten Photographen, die oft nicht mehr festzustellen sind. Genannt seinen aber die Namen der Landshuter Photographen Carl Dittmar, Leopold Orelli, Max Krieger, Urban Zattler, Peter Ederer und Maria Huber. Ferdinand Dittmar stellte Abzüge von alten Vorlagen zur Verfügung, Toni Ott fertigte Zwischenaufnahmen für die Reproduktion an.

Alle Rechte vorbehalten. Nachdruck, auch auszugsweise, nur mit Genehmigung des Verlages.

Rauten Verlag Dr. Hanskarl Hornung,

Geranienstraße 46a, 8012 Ottobrunn-Riemerling

Umschlag und Vorsatz: Kuno Weber

Einband: Dreihelmenwappen des 19. Jahrhunderts

Lithos: Krammer, Linz

Satz und Druck: H. Hausler, Landshut

Bindearbeit: Conzella, München

Rathaus
Bahnhof
Hofgarten
Burg Trausnitz
K. Realschule
Landshut
Altstadt
Landgericht